Desafiando la tierra salvaje

Desafiando la tierra salvaje

Brené Brown

Traducción de
Santiago del Rey

VERGARA

Desafiando la tierra salvaje

Título original: *Braving the Wilderness:
The Quest for True Belonging and the Courage to Stand*

Primera edición en España: junio, 2019
Primera edición en México: noviembre, 2019

D. R. © 2017, Brené Brown

Publicado originalmente en Estados Unidos por Random House,
un sello y división de Penguin Random House LLC., Nueva York

D. R. © 2019, Penguin Random House Grupo Editorial, S. A. U.
Travessera de Gràcia, 47-49, 08021, Barcelona

D. R. © 2019, derechos de edición mundiales en lengua castellana:
Penguin Random House Grupo Editorial, S. A. de C. V.
Blvd. Miguel de Cervantes Saavedra núm. 301, 1er piso,
colonia Granada, delegación Miguel Hidalgo, C. P. 11520,
Ciudad de México

www.megustaleer.mx

D. R. © 2019, Santiago del Rey Farres, por la traducción

Penguin Random House Grupo Editorial apoya la protección del *copyright*.
El *copyright* estimula la creatividad, defiende la diversidad en el ámbito de las ideas y el conocimiento,
promueve la libre expresión y favorece una cultura viva. Gracias por comprar una edición autorizada
de este libro y por respetar las leyes del Derecho de Autor y *copyright*. Al hacerlo está respaldando a los autores
y permitiendo que PRHGE continúe publicando libros para todos los lectores.

Queda prohibido bajo las sanciones establecidas por las leyes escanear, reproducir total o parcialmente esta obra
por cualquier medio o procedimiento así como la distribución de ejemplares
mediante alquiler o préstamo público sin previa autorización.
Si necesita fotocopiar o escanear algún fragmento de esta obra diríjase a CemPro
(Centro Mexicano de Protección y Fomento de los Derechos de Autor, https://www.cempro.com.mx).

ISBN: 978-607-318-456-4

Impreso en México – *Printed in Mexico*

El papel utilizado para la impresión de este libro ha sido fabricado a partir de madera
procedente de bosques y plantaciones gestionadas con los más altos estándares ambientales,
garantizando una explotación de los recursos sostenible con el medio ambiente y beneficiosa para las personas.

Penguin
Random House
Grupo Editorial

A mi padre:
gracias por enseñarme
a alzar la voz y a tomar partido
incluso cuando discrepabas fervientemente

1

De todas partes y de ninguna

Cuando empiezo a escribir, no puedo evitar sentirme llena de temor. Especialmente cuando me doy cuenta de que las conclusiones de mi investigación cuestionan creencias o ideas muy arraigadas. En esas ocasiones no tardo en preguntarme: «¿Quién soy yo para decir esto?», o bien: «¿Voy a cabrear al personal si pongo en tela de juicio sus ideas?».

En esos inciertos y arriesgados momentos de vulnerabilidad, procuro buscar inspiración en personas audaces, innovadoras, agitadoras, cuya valentía resulta contagiosa. Leo y miro todo lo que han dicho —o se ha dicho de ellos— que encuentro a mano: todas las entrevistas, todos los artículos y conferencias, todos los libros. Lo hago para que, cuando necesite su ayuda y me asalte el temor, acudan a mi lado y me levanten el ánimo. Y, lo más importante, porque cuando se asoman por encima de mi hombro, me toleran muy pocas estupideces.

Desarrollar este sistema llevó su tiempo. Al principio

de mi carrera, probé el método opuesto: me rodeaba mentalmente de críticos y detractores. Sentada ante mi escritorio, imaginaba las caras de los profesores que menos me gustaban, de mis colegas más duros y cínicos, de mis críticos de internet más implacables. «Si los mantengo contentos», pensaba, «o como mínimo callados, podré seguir adelante». El resultado constituía el peor escenario posible para un investigador o un sociólogo: conclusiones envueltas discretamente en una visión del mundo preexistente; conclusiones que apenas desplazaban, con cautela, las ideas al uso, aunque sin molestar a nadie; en fin, conclusiones poco arriesgadas, tamizadas, acomodaticias. Solo que nada de eso era auténtico. Era un tributo a aquel comité imaginario.

Así pues, decidí que tenía que despedir a todos esos detractores que me infundían temor y me paralizaban. En su lugar, empecé a invocar a los hombres y las mujeres que han configurado el mundo con su valentía y su creatividad y que, al menos en algunas ocasiones, han logrado cabrear al personal. Constituyen una pandilla muy variada. J.K. Rowling, autora de los libros de Harry Potter que tanto me gustan, es la persona a la que acudo cuando me cuesta encontrar el modo de introducir un mundo de ideas nuevo y extraño que acaba de surgir en mi investigación. Imagino que Rowling me dice: «Los mundos nuevos son importantes, pero no puedes limitarte a describirlos. Ofrécenos las historias que constituyen ese universo. Por extraño y disparatado que pueda resultar un nuevo mundo, nos veremos reflejados en sus historias».

La autora y activista bell hooks* sale a la palestra cuando surge un doloroso debate en torno a cuestiones de raza, género o clase. Ella me ha enseñado a tomarme la enseñanza como un acto sagrado, y también a entender lo importante que es la incomodidad en el proceso de aprendizaje. También Ed Catmull, Shonda Rhimes y Ken Burns permanecen a mi lado, susurrándome al oído, mientras estoy contando una historia. Me dan un codazo cuando me impaciento y empiezo a saltarme detalles y diálogos que aportan sentido a la narración. «Debes lograr que nos metamos en la historia», insisten. Asimismo hacen acto de presencia innumerables músicos y artistas, así como Oprah Winfrey, cuyo consejo tengo clavado en la pared de mi estudio: «No creas que puedes ser valiente en tu vida y en tu trabajo sin decepcionar a nadie. La cosa no funciona así».

Pero mi consejera más antigua y constante es Maya Angelou. Me introdujeron en su obra hace treinta y dos años, cuando estudiaba poesía en la universidad. Leí su poema «Still I Rise» («Y aun así me levanto») y todo cambió para mí. Tenía tanta fuerza y tanta belleza...[1] Me hice con todos los libros, poemas y entrevistas de Angelou que encontré, y sus palabras me enseñaron, me estimularon, me sanaron. Se las arreglaba para desbordar alegría y ser, a la vez, implacable.

Pero había una frase de Maya Angelou de la que discrepaba profundamente. Era una frase sobre el sentido de pertenencia con la que me tropecé mientras daba un curso

* Pseudónimo de la feminista y activista americana Gloria Jean Watkins.

sobre raza y clase en la Universidad de Houston. En una entrevista con Bill Moyers emitida por la televisión pública en 1973, la doctora Angelou decía:

> Solo eres libre cuando comprendes que no perteneces a ningún lugar: perteneces a todos y a ninguno. El precio es elevado. La recompensa, enorme.[2]

Recuerdo exactamente lo que pensé al leer esta frase. «Esto es un error. ¿Qué sería el mundo si no perteneciéramos a ningún lugar? Solo un montón de personas solitarias coexistiendo. Me parece que no ha entendido la fuerza del sentido de pertenencia.»

Durante más de veinte años, cada vez que esa cita me venía a la cabeza, sentía una oleada de indignación. «¿Por qué habrá dicho eso? No es verdad. El sentido de pertenencia es esencial. Debemos sentir que pertenecemos a algo, a alguien, a algún lugar.» Pronto descubrí que esa indignación obedecía a dos motivos. En primer lugar, la doctora Angelou había llegado a significar tanto para mí que yo no podía soportar la idea de que discrepáramos en algo tan fundamental. En segundo lugar, la necesidad de encajar y la desazón de sentirme desplazada era uno de los hilos más dolorosos de mi propia vida. No podía aceptar la idea de que «no pertenecer a ninguna parte» fuese la libertad. La sensación de no pertenecer de verdad a ninguna parte era mi mayor dolor, un sufrimiento personal que atravesó gran parte de mi juventud.

No constituía en modo alguno una liberación.

Las experiencias de no pertenencia vienen a ser los hitos

de mi vida, y empezaron muy pronto. Pasé mis años de guardería y de jardín de infancia en la escuela Paul Haban, en la orilla occidental de Nueva Orleans. Corría el año 1969 y, aunque la ciudad era y sigue siendo maravillosa, estaba asfixiada por el racismo. La segregación en los colegios solo se había suprimido oficialmente el año en que yo empecé. Yo no entendía mucho lo que pasaba, era demasiado pequeña; pero sí sabía que mi madre era una mujer tenaz y sin pelos en la lengua. Alzaba su voz constantemente e incluso escribió una carta al *Times-Picayune* cuestionando la legalidad de lo que hoy llamaríamos identificación de sospechosos por motivos raciales. Yo captaba esa energía que la rodeaba, pero para mí ella seguía siendo simplemente una monitora más de mi aula y también la persona que me hacía, para mí y para mi Barbie, vestidos de cuadros amarillos a juego.

Nos habíamos trasladado allí desde Texas, lo cual había sido duro para mí. Yo echaba tremendamente de menos a mi abuela, aunque estaba deseando hacer amistades en el colegio y en nuestro complejo de apartamentos. La cosa, sin embargo, se complicó enseguida. Las listas del aula servían para determinarlo absolutamente todo: desde los niveles de asistencia hasta las invitaciones a las fiestas de cumpleaños. Un día, otra madre que ejercía de monitora en el aula esgrimió esa lista ante las narices de mi madre: «¡Mira todas las niñas negras que hay! ¡Y mira qué nombres! ¡Todas se llaman Casandra!».

«Vaya», pensó mi madre. Tal vez por eso a mí no me invitaban a muchas fiestas de mis amigas blancas. Mi madre usa su segundo nombre, pero el primero es Casandra.

¿Y cuál era mi nombre completo en aquella lista? Casandra Brené Brown. Si eres afroamericana y estás leyendo esto, ya sabes perfectamente por qué las familias blancas no me invitaban. Por la misma razón, al finalizar un semestre un grupo de estudiantes graduadas afroamericanas me dieron una tarjeta que decía: «Vale. Usted sí que es Brené Brown». Se habían apuntado a mi curso sobre cuestiones femeninas y se quedaron patidifusas al verme aparecer el primer día y dirigirme al escritorio de la cabecera de la clase. Una estudiante dijo: «Usted *no* es Casandra Brené Brown, ¿no?» *Sí, señora.* También por la misma razón, cuando me presenté a una entrevista para un puesto de recepcionista a tiempo parcial en la consulta de una médica de San Antonio, la mujer dijo: «¡Ah, usted es Brené Brown! ¡Qué agradable sorpresa!». Y sí, abandoné aquella entrevista antes de que nos sentáramos siquiera.

Las familias negras me acogían amablemente, pero su desconcierto era evidente cuando cruzaba la puerta. Una de mis amigas me dijo que yo era la primera persona blanca que había entrado en su casa. Eso no resulta fácil de asimilar cuando tienes cuatro años y en realidad has ido allí para jugar a ponerle la cola al burro y comer pastel con tus amigas. Por simple que debiera ser el sentimiento de pertenencia en un jardín de infancia, a mí ya entonces me costaba entender por qué me sentía al margen de cada grupo.

Al año siguiente nos mudamos al Garden District para que mi padre tuviera más cerca la Universidad de Loyola, y yo pasé a la escuela del Santísimo Nombre de Jesús. Yo era episcopaliana, lo que me convertía en la única alumna no católica del colegio. Resultó que la mía era la religión equivocada: otra cuña entre mi identidad y el sentido de pertenencia. Tras un año o dos excluida, increpada y a veces marginada, un día me enviaron a la oficina de dirección. Al entrar, descubrí que Dios me estaba esperando. O al menos fue lo que yo pensé. Resultó que era un obispo. Me pasó una fotocopia del Credo de Nicea y lo leímos de cabo a rabo, línea por línea. Al terminar, me dio una nota para mis padres que decía: «Ahora Brené es católica».[3]

Aun así, durante los dos años siguientes, mientras empezaba a pillar la onda de mi nueva vida en Nueva Orleans, las cosas fueron bastante bien, en gran parte porque tenía a la mejor amiga del mundo: Eleanor. Pero después hubo una serie de grandes cambios seguidos. Dejamos Nueva Orleans por Houston cuando yo estaba en cuarto de primaria. Luego dejamos Houston por Washington D.C. cuando estaba en sexto. Y luego dejamos Washington, cuando estaba en octavo, y volvimos a Houston. Las turbulencias y la inadaptación habituales de la secundaria se veían magnificadas por una sensación permanente de ser «la chica nueva». Mi única salvación era que durante todas esas transiciones mis padres ocupaban una buena posición y se llevaban bien. Lo cual significaba que, pese a los trastornos aparejados a tanto cambio de colegio, amigos y profesores, en casa estaba a salvo. De hecho, a mí me parecía como un refugio frente al dolor de no pertenecer a ningún lugar. Si todo lo demás fallaba, al menos formaba parte de mi hogar, de mi familia.

Pero las cosas empezaron a resquebrajarse. Esa última mudanza a Houston fue el principio del largo y penoso final del matrimonio de mis padres. Y por si no bastara con todo aquel caos, estaba al asunto de las Bearkadettes.

Cuando volvimos a Houston, al terminar octavo, tuve el tiempo justo —por suerte— para intentar entrar en el equipo de animadoras de secundaria, a las que llamaban las Bearkadettes. Para mí, aquello lo era todo. Viviendo en una casa que se iba llenando cada vez más con los ruidos amortiguados de las discusiones de mis padres oídas a través de las paredes de mi habitación, aquel equipo de animadoras representaba la salvación. Imagináoslo: filas y filas de chicas con camiseta y minifalda de satén azul con flecos blancos, ataviadas con pelucas, botas blancas y sombreritos de vaquero, maquilladas con pintalabios rojo, entrando en estadios de fútbol americano de secundaria abarrotados de una multitud que no quería abandonar sus asientos durante el descanso para no perderse esas cabriolas y coreografías perfectamente ensayadas. Aquello era mi escapatoria, un nuevo y precioso refugio impecablemente ordenado.

Ocho años de ballet eran más que suficientes para poder aprenderme las coreografías; y una dieta líquida de dos semanas me permitió pasar el control de peso. Todas las chicas confiaban a muerte en la sopa de col y la dieta de agua. Cuesta pensar que pueda darse permiso a una chica de doce años para que siga una dieta líquida, pero por alguna razón parecía algo completamente normal.

Hasta el día de hoy, no estoy segura de haber deseado tanto ninguna otra cosa en mi vida como ese puesto en el equipo de animadoras. La perfección, la precisión, la belleza que se cultivaban allí no solo contrarrestarían la creciente agitación de mi casa, sino que me proporcionarían el Santo Grial: un sentimiento de pertenencia. Tendría una «hermana mayor» que decoraría mi casillero. Montaríamos fiestas de pijamas y saldríamos con jugadores de fútbol americano. Siendo una chica que había visto *Grease* cuarenta y cinco veces, sabía que aquello era el principio de una experiencia de secundaria con todos sus aditamentos, incluidos cánticos espontáneos a coro y bailes improvisados en el gimnasio en versión años ochenta.

Y, sobre todo, formaría parte de un grupo que lo hacía todo literalmente al unísono. Una Bearkadette era la integración personificada, la apoteosis del sentimiento de pertenencia.

Yo aún no tenía amigas de verdad, así que estaba sola en las pruebas de admisión. La coreografía era fácil de aprender: un número jazzístico ejecutado con una versión de *big band* de «Swanee» (ya sabéis, aquella de «How I love ya, how I love ya»). O sea, mucho deslizarse con las palmas abiertas y mucho alzar las piernas hasta la barbilla. Yo era capaz de alzarlas más arriba que el resto de las chicas, salvo una bailarina llamada LeeAnne. Practiqué tanto que habría podido ejecutar el número dormida. Aún hoy me acuerdo de algunas partes.

El día de la prueba fue terrorífico, y no sé si fueron los nervios o la dieta de hambre, pero al levantarme me sentía mareada y todavía seguía así cuando mi madre me dejó en el colegio. Ahora, como madre de una adolescente y un preadolescente, me resulta un poco duro pensar que tuve que entrar sola, mientras por todas partes me rodeaban grupos de chicas que se bajaban juntas de los coches y entraban corriendo de la mano. Pero enseguida descubrí que entrar sola era lo de menos y que tenía un problema mucho más grave.

Todas las chicas, y quiero decir *todas* sin excepción, estaban acicaladas de pies a cabeza. Algunas llevaban *shorts* de satén azul y blusas doradas; otras, camisetas sin mangas azules y doradas, con minifalda blanca. Había todas las versiones de corbatas azul-doradas que podáis imaginaros. Y estaban todas completamente maquilladas. Yo no me había puesto nada de maquillaje y llevaba unos *shorts* grises de algodón sobre unos leotardos negros. Nadie me había dicho que hubiera que ir ataviada con los colores del colegio. Todo el mundo tenía un aspecto vistoso, reluciente. Y yo parecía la chica desdichada cuyos padres riñen mucho.

Pasé la prueba de peso con dos kilos de menos. Aun así, ver a las chicas que se bajaban de la báscula y corrían a los vestuarios llorando me traumatizó.

Llevábamos números prendidos a la camiseta con imperdibles y bailábamos en grupos de cinco o seis. Mareada o no, ejecuté la coreografía a la perfección. Me sentía muy segura de mí misma cuando me recogió mi madre y fuimos a casa a esperar. Colgarían los resultados más tarde. Esas horas de espera se deslizaron a cámara lenta.

Finalmente, a las seis y cinco, entramos en el aparcamiento de la que pronto habría de ser mi escuela secundaria. Toda mi familia —mamá, papá, mi hermano y mis hermanas— estaba en el coche. Yo iba a comprobar mi número y luego nos dirigiríamos a San Antonio para ver a mis abuelos. Me acerqué al tablón colgado junto a la puerta del gimnasio. A mi lado había una de las chicas que estaba en mi grupo en la prueba. Era la más deslumbrante de todas. Y encima se llamaba Kris. Sí, tenía uno de esos codiciados nombres unisex que todas deseábamos.

La lista estaba en orden numérico. Si tu número figuraba allí, habías entrado en el equipo. Si no, te habías quedado fuera. Yo tenía el 62. Mis ojos se fueron directos al tramo de los sesenta: 59, 61, 64, 65. Miré de nuevo. No conseguía procesarlo. Pensaba que si miraba con la suficiente intensidad y el universo comprendía todo lo que estaba en juego, el número aparecería mágicamente. Me vi arrancada de mi negociación con el universo al oír los gritos de Kris. Estaba dando saltos, y antes de que yo entendiera lo que sucedía, su padre se bajó del coche, corrió a su encuentro, la alzó en brazos y le dio unas vueltas por los aires. Como en las películas. Más adelante oí por radio macuto que yo era una sólida bailarina, pero no tenía la pasta adecuada para ser una Bearkadette. Sin corbata. Sin brillo. Sin grupo. Sin amigas. Sin pertenecer a ninguna parte.

Estaba sola. Y resultaba demoledor.

Volví a nuestro coche, ocupé el asiento trasero y mi padre arrancó. Ni él ni mi madre dijeron una palabra. Ni una sola palabra. El silencio se me clavó dentro como un cuchillo en el corazón. Se sentían avergonzados de mí y por mí. Mi padre había sido capitán del equipo de fútbol. Mi madre había sido líder de su equipo de animadoras. Yo no era nada. Mis padres, y especialmente él, valoraban por encima de todo el ser guay y estar integrado. Yo no era guay. No estaba integrada.

Y ahora, por primera vez, tampoco encajaba en mi familia.

La historia de mi equipo de animadoras es de esas que resulta fácil desestimar por intrascendentes en el amplio contexto de lo que sucede en el mundo de hoy. (Ya estoy viendo el *hashtag* #problemasprimermundo.) Pero dejadme que os explique lo significó para mí. No sé si será verdad o si solo fue la historia que me conté a mí misma en medio de aquel silencio, pero ese día dejé de pertenecer a mi familia: el más primordial de nuestros grupos sociales. Si mis padres me hubieran consolado o hubiesen elogiado mi valentía por haberlo intentado; o mejor aún (y era lo que estaba deseando en ese momento), si se hubieran puesto de mi lado y me hubieran dicho que era una injusticia terrible y que merecía haber sido escogida, entonces esta historia no sería una de las que definió mi vida y modeló mi trayectoria. Pero sí lo fue.

Relatar esta historia me ha resultado mucho más difícil de lo que me imaginaba. Tuve que entrar en iTunes para recordar el título de la canción de la prueba y, en cuanto escuché el avance, me eché a llorar. No me desmoroné por no haber conseguido entrar en el equipo. Lloré por la chica de entonces a la que no podía consolar. Esa chica que no entendía lo que ocurría ni por qué. Lloré por esos padres que estaban tan mal preparados para enfrentarse con el dolor y la vulnerabilidad. Unos padres que no tenían la habilidad necesaria para expresarse y consolarme o, como mínimo, para cortar de raíz la idea de que no estaba a la altura ni encajaba con ellos. Estos son los momentos que, si se dejan pasar sin hablarlos ni resolverlos, nos condenan en nuestra vida adulta a una búsqueda desesperada para sentirnos integrados y a conformarnos simplemente con el hecho de encajar. Por suerte, mis padres nunca albergaron la fantasía de que su responsabilidad concluyera cuando sus hijos abandonaran el hogar. Hemos aprendido todos juntos sobre el valor, la vulnerabilidad y el verdadero sentido de pertenencia. Lo cual ha constituido un pequeño milagro.

Incluso en un contexto de sufrimiento —pobreza, violencia, violación de derechos humanos— el sentimiento de no encajar en nuestra familia es una de las heridas más peligrosas. Y es así porque este sentimiento tiene la capacidad de rompernos el corazón, el espíritu y la autoestima. A mí me rompió las tres cosas. Y cuando esto sucede, solo hay tres desenlaces posibles, tal como he podido comprobar en mi vida y en mi trabajo:

1. Vives sumida en un dolor constante y buscas alivio tratando de anestesiarlo y/o infligiéndoselo a los demás;
2. Niegas tu dolor, y esa negación implica que se lo transmites a las personas que te rodean y a tus hijos; o bien
3. Reúnes el valor para reconocer el dolor y para desarrollar un nivel de empatía y compasión, hacia ti misma y hacia los demás, que te permita identificar de un modo muy especial el dolor en el mundo.

Desde luego, yo intenté las dos primeras vías. Solo por la pura gracia de Dios conseguí llegar a la tercera.

Tras la pesadilla de las Bearkadettes, las peleas se recrudecieron en casa. Con frecuencia eran batallas sin cuartel. Mis padres no eran capaces de hacer las cosas de otra forma. Yo creía que eran las únicas personas del mundo que tenían dificultades para mantener a flote su matrimonio y sentía una tremenda vergüenza. Todos los amigos de mi hermano y de mis hermanas que venían a jugar a casa llamaban a mis padres, jovialmente, «señor y señora B», como si fueran fantásticos. Pero yo conocía sus peleas secretas y sabía que no formaba parte del mundo de esos chicos y chicas cuyos padres eran tan geniales como los de la tele. Así que ahora se sumaba a todo lo demás la vergüenza del secreto.

Desde luego, la perspectiva está en función de la experiencia. A mí me faltaba la suficiente para contextualizar lo que sucedía a mi alrededor, y mis padres solo intentaban sobrevivir sin causar daños catastróficos, así que no creo que se les pasara por la cabeza la idea de comunicarnos lo que pensaban. Yo estaba convencida de que era la única persona en la ciudad, incluso en todo el mundo, que sobrellevaba una situación de mierda semejante, por mucho que mi escuela secundaria hubiese aparecido en los informativos nacionales por el número alarmante de alumnos que se habían suicidado. Solo más tarde, cuando el mundo cambió y la gente empezó a hablar abiertamente de sus dificultades, descubrí que muchos de aquellos padres perfectos habían acabado divorciados, o muertos de puro malvivir, o estaban —gracias a Dios— en proceso de rehabilitación.

A veces, lo más peligroso para los niños es ese silencio que les permite urdir sus propias historias sobre lo que sucede: historias que casi siempre los pintan como seres solitarios indignos de ser amados y de vivir integrados. Ese era el relato que yo me había construido, así que en vez de hacer cabriolas en los descansos de los partidos, me convertí en la chica que escondía hierba en el puf y se largaba con los más gamberros, siempre buscando a mi gente de la manera que fuera. No intenté entrar nunca más en ningún otro equipo. En cambio, desarrollé una gran habilidad para encajar haciendo cualquier cosa con tal de sentirme querida e integrada.

Durante las peleas constantes y cada vez peores de mis padres, mi hermano y mis dos hermanas solían venir a mi habitación a esperar a que amainara. Como la mayor de los cuatro, empecé a emplear aquellos nuevos superpoderes que había desarrollado, los de saber encajar a toda costa, para identificar el motivo de la pelea y tramar una sofisticada estrategia con la que «mejorar las cosas». Podía ser la salvadora de mis hermanos y de mi familia. Si la cosa funcionaba, me consideraba una heroína; si no, me culpaba a mí misma y redoblaba mis esfuerzos por hacerme con más información. Acabo de caer mientras escribo estas líneas: fue entonces cuando empecé a optar por la investigación y la recogida de datos para sobreponerme a la vulnerabilidad.

Al mirar atrás, me doy cuenta de que seguramente debo mi carrera al hecho de no encajar y de sentirme desplazada. Primero de niña, y luego de adolescente, encontré en la observación de la gente mi mejor estrategia para enfrentarme a ese sentimiento. Buscaba pautas y conexiones. Si lograba identificar pautas en el comportamiento de las demás personas, pensaba, y las conectaba con lo que hacían y sentían, encontraría mi propio camino. Utilizaba mi destreza en la identificación de patrones de conducta para prever lo que querían, pensaban o estuvieran haciendo los demás. Aprendí a decir lo correcto, a mostrarme de la forma adecuada. Me convertí en una experta en adaptarme, en un camaleón. Y en una extraña tremendamente solitaria para mí misma.

Con el tiempo, llegué a conocer a muchas de las personas que me rodeaban mejor de lo que ellas se conocían, pero en ese proceso me perdí a mí misma. A los veintiún años, había empezado y dejado la universidad, sobrevivido al divorcio de mis padres, recorrido Europa en autoestop durante seis meses y ensayado todas las formas de conducta estúpida y autodestructiva que podáis imaginar, con la excepción de las drogas duras. Pero empezaba a cansarme. Se me estaban agotando las pilas. Anne Lamott citaba un comentario de uno de sus amigos alcohólicos en recuperación que resume a la perfección ese tipo de huida: «Al final, estaba deteriorándome más deprisa de lo que era capaz de rebajar mis exigencias».[4]

En 1987 conocí a Steve. Por alguna razón, con él me sentía más yo misma que con ninguna otra persona desde mi primera mejor amiga, Eleanor. Él me veía. Aunque me pilló hacia el final de mi época autodestructiva, veía mi auténtico yo y le gustaba. Steve procedía de una situación traumática familiar muy similar a la mía, así que reconoció la herida y ambos pudimos hablar de nuestras experiencias por primera vez en nuestras vidas. Nos abrimos en canal. A veces nos pasábamos diez horas hablando por teléfono. Hablamos de cada pelea que habíamos presenciado, de la soledad contra la que habíamos combatido, del intolerable dolor de sentirnos desplazados.

Lo que comenzó como una amistad se convirtió en un gran flechazo y después en un amor total. No hay que subestimar la fuerza que entraña el hecho de que por fin te vean: es agotador seguir luchando contra ti misma cuando alguien te ve de verdad y te ama. Algunos días su amor me parecía un regalo. Otros, lo aborrecía por amarme. Pero a medida que fui teniendo atisbos de mi verdadero yo, me sentí inundada de pena y de ansiedad. Pena por la chica que nunca había pertenecido a ninguna parte y ansiedad por descubrir quién era, qué me gustaba, en qué creía y a dónde quería ir. Steve no se sentía amenazado por toda esa búsqueda espiritual. Le encantaba. La apoyaba.

Así que no, doctora Angelou, no pertenecer a ninguna parte no puede ser bueno. Yo seguía sin entender qué había pretendido decir con aquella frase.

Siete años después de conocernos, Steve y yo nos casamos. Él pasó de la facultad de Medicina a la residencia, y yo de la escuela preuniversitaria a la universitaria. En 1996, un día después de terminar mi máster, decidí oficializar mi compromiso con una vida sana y dejar de beber y fumar. Curiosamente, mi primera madrina temporal en Alcohólicos Anónimos me dijo: «No creo que tú encajes en AA. Deberías probar las reuniones de Codependientes Anónimos». La madrina de codependencia, por su parte, me sugirió que volviera a AA o probara en Comedores Compulsivos Anónimos, porque, dijo, «Tú no eres exactamente una de los nuestras». ¿Podéis creerlo? ¿En qué mierda estás metida cuando ni siquiera encajas en AA?

Finalmente, mi nueva madrina me dijo que tenía un popurrí de adicciones: o sea, básicamente, que utilizaba todo lo que me iba encontrando para no sentirme vulnerable. Me sugirió que buscara una asociación que me funcionara: no importaba cuál fuese con tal de que dejara de beber, de fumar, de preocuparme obsesivamente por todo el mundo y de comer de forma compulsiva. Vale. Mensaje recibido.

Esos primeros años de matrimonio fueron duros. Estábamos sin blanca y muy estresados por la residencia y la universidad. Nunca olvidaré el día en que le dije a la terapeuta de la facultad que no creía que lo nuestro fuese a funcionar. ¿Su respuesta? «Tal vez no. Tú le gustas a él mucho más de lo que te gustas a ti misma.»

Pasar de la destreza para encajar a toda costa a un auténtico sentimiento de pertenencia fue un largo viaje. Empezó cuando tenía poco más de veinte años y se prolongó un par de décadas. Durante la treintena, cambié un tipo de autodestrucción por otro: abandoné la juerga por el perfeccionismo. Aún luchaba con la sensación de ser una intrusa en todas partes, incluso en mi trabajo, pero lo que cambió fue mi manera de reaccionar al no ver mi número en el tablón de anuncios. En vez de sufrir en silencio la vergüenza, empecé a hablar de mis miedos y mi dolor. Empecé a preguntarme qué era importante para mí y por qué. ¿Acaso quería pasarme la vida bailando al son de los demás? No. Cuando me dijeron que no podía escribir una disertación cualitativa, lo hice igualmente. Cuando intentaron convencerme de que no eligiera la vergüenza como tema de estudio, lo hice igualmente. Cuando me dijeron que no podía ser profesora y escribir libros que la gente de verdad quisiera leer, lo hice igualmente.

No es que pasara de un extremo —dar valor solo al hecho de encajar— al opuesto —dar valor solo al hecho de ser diferente, desafiante o contestataria—, porque ambos son las dos caras de una misma moneda. De hecho, yo aún ansiaba alcanzar un sentimiento pertenencia, y las decisiones que me situaban en los márgenes de mi profesión me mantenían en una angustia constante. No era lo ideal, pero había llegado lo bastante lejos como para saber que el precio de integrarme y cumplir con lo que se esperaba de mí habría sido demasiado elevado: posiblemente lo habría hecho a costa de mi salud, de mi matrimonio y de mi sobriedad. Por más que deseara formar parte de un grupo, prefería seguir estando al margen antes que sacrificar esas tres cosas.

Luego, en 2013, una serie de pequeños milagros me llevaron a uno de los momentos más importantes de mi vida. Oprah Winfrey me propuso participar como invitada en *Super Soul Sunday*, uno de mis programas favoritos.

La noche antes del programa, salí a cenar con uno de los productores y con mi agente, Murdoch (un escocés que vive en el West Village y que ahora usa algunas expresiones sureñas con la misma facilidad que yo). Después de la cena, cuando volvíamos al hotel, Murdoch se detuvo en la esquina y me gritó mientras yo seguía caminando: «¿Dónde estás, Brené?».

Mi propia respuesta de listilla —«En la esquina de Michigan y Chicago»—, me hizo darme cuenta de que me sentía vulnerable. Y cuando Murdoch procedió a explicarme lo «poco presente» que había estado durante la cena —«¿Simpática y educada? Sí. ¿Presente? No»— comprendí en el acto lo que ocurría. Le miré y tuve que reconocerlo: «Estoy haciendo lo que hago cuando tengo miedo. Flotar por encima de la vida, observarla y estudiarla más que vivirla».

Murdoch asintió: «Lo sé. Pero tienes que lograr dejar de hacerlo y volver aquí. Esto es muy importante. No quiero que te lo pierdas. No estudies el momento. Vívelo».

A la mañana siguiente, mientras me estaba arreglando para reunirme con Oprah por primera vez, mi hija me envió un mensaje de texto. Quería asegurarse de que había firmado y entregado una autorización para su excursión escolar. Después de asegurarle que sí lo había hecho, me senté en el borde de la cama conteniendo las lágrimas. Me puse a pensar: «Necesito una autorización para dejar de estar tan seria y asustada. Un permiso para pasármelo bien hoy». Así fue como se puso en marcha la idea. Después de mirar en derredor para comprobar que nadie observaba la increíble ridiculez que estaba a punto de hacer, fui al escritorio, me senté y me escribí a mí misma una autorización en un pósit. Simplemente decía: «Permiso para estar excitada, para hacer tonterías y pasármelo bien».

Esa habría de ser la primera de la infinidad de autorizaciones que me escribiría a mí misma. Todavía hoy las escribo; y procuro enseñar a cualquiera que me brinde cinco minutos de su tiempo el poder de este método para fijarse un propósito. Funciona de maravilla. Pero sucede lo mismo que con las autorizaciones para tus hijos: pueden tener permiso para ir al zoo, pero siguen teniendo que subirse al autobús. Hay que fijarse un propósito. Y luego cumplirlo. Aquel día me subí al autobús.

No fui consciente entonces, pero retrospectivamente

me doy cuenta de que esas autorizaciones eran, de hecho, un intento de encajar conmigo misma y con nadie más.

Oprah y yo tuvimos nuestro primer y emocionante encuentro frente a las cámaras, y en cuestión de minutos estábamos bromeando y riendo. Ella era exactamente como había imaginado. Enérgica y amable. Dura y delicada. La hora pasó en un abrir y cerrar de ojos. Cuando se nos terminó el tiempo, Oprah se volvió hacia mí y me dijo:

—Deberíamos grabar otra hora. Otro programa.

Yo miré a mi alrededor, desconcertada, como si fuéramos a meternos en un lío por considerarlo siquiera.

—¿En serio? —dije—. ¿Estás segura?

Oprah sonrió.

—En serio. Tememos mucho más de que hablar.

Escruté la oscuridad del estudio hacia donde suponía que debía de haber una especie de centro de control.

—¿No crees que deberíamos preguntar?

Oprah volvió a sonreír.

—¿Con quién crees que deberíamos consultarlo?

No lo dijo con tono arrogante. Más bien creo que mi pregunta le pareció divertida.

—Ah, vale. Perdón. Entonces sí. ¡Sí! ¡Me encantaría! Pero ¿no tendríamos que cambiarnos de ropa? Uf, mierda. Solo tengo este conjunto, además de los tejanos y las botas que llevaba cuando he venido.

—Las botas y los tejanos están perfectos. Yo te prestaré una blusa.

Se alejó para cambiarse también, pero cuando solo había dado unos pasos, se volvió y me dijo:

—Maya Angelou está aquí. ¿Te gustaría conocerla?

Visión en túnel. El tiempo se ralentizó. «Esto es demasiado. Quizá es que me he muerto.»

—¿Brené? ¿Te gustaría conocer a Maya Angelou? —volvió a preguntarme mientras yo pensaba que aquello tal vez sirviera para darme el empujón definitivo—. ¿Te interesa?

Me levanté de un salto de la silla.

—Sí. Ay, Dios mío. ¡Sí!

Oprah me cogió de la mano mientras nos dirigíamos a una antesala que quedaba frente a la que yo había ocupado antes del programa. Entramos, y lo primero que vi fue que había una pantalla de televisión delante de donde estaba sentada la doctora Angelou. La imagen mostraba las dos sillas vacías que Oprah y yo acabábamos de dejar.

Maya Angelou me miró directamente.

—Hola, doctora Brown. He estado siguiendo su conversación.

Me acerqué y estreché su mano tendida:

—Es un gran honor conocerla —dije—. Usted ha significado mucho para mí. Es una parte muy importante de mi vida.

Ella, sin soltarme, puso su otra mano sobre la mía.

—Está haciendo una gran labor. Siga así. Continúe hablando de su trabajo. No se detenga, no deje que nada se interponga en su camino.

Entonces le expliqué que a veces, cuando doy clase, apago las luces y pongo un viejo casete que conservo en el que ella recita su poema: «Our Grandmothers» (Nuestras abuelas).[5] También le conté que en ocasiones vuelvo a pasar solo el verso que dice: «No me moverán...».

Ella me estrechó las manos con más fuerza, me miró a los ojos y, con voz lenta y grave, cantó:

—«Como al árbol plantado junto al río, no me moverán». —Me apretó las manos y añadió—: No se deje mover, Brené.

Fue como si ella hubiera reunido todo el valor que yo iba a necesitar a lo largo de mi vida y me lo hubiera transmitido. Rara vez se te concede el don de saber que estás viviendo un momento que formará parte esencial de lo que te define como persona. Pero yo lo supe. ¿Y qué ocurre cuando te has pasado la mayor parte de tu vida moviéndote de aquí para allá para encajar y, de repente, Maya Angelou te canta y te dice que no te dejes mover? Que aprendes a plantar tus pies firmemente en el suelo, eso es lo que ocurre. Te doblas, te estiras y creces, pero te comprometes a no moverte de tu sitio, a no alejarte de lo que eres. O, como mínimo, empiezas a intentarlo.

Seis meses después de aquel día increíble, me encontré sentada en otra antesala en Chicago. Esta vez iba a hablar en una de las mayores conferencias del mundo sobre liderazgo. Los organizadores me habían recomendado encarecidamente que llevara un «atuendo formal» y yo contemplaba mis pantalones y mis zapatos negros y me sentía como una impostora. O como si fuera a asistir a un funeral.

Estaba sentada junto a otra ponente (una mujer que se acabaría convirtiendo en una buena amiga), y ella me preguntó cómo me sentía. Le confesé que estaba nerviosísima y que no podía sacudirme la sensación de estar disfrazada. Ella me dijo que tenía un «aspecto estupendo», pero la expresión de su cara decía: «Sí, ya. Es duro. Pero ¿qué le vamos a hacer?».

Me levanté bruscamente, cogí mi maleta, que estaba colocada junto a la pared con las maletas de los demás ponentes, y me fui al baño. Al cabo de unos minutos, salí con una blusa azul marino, unos tejanos oscuros y unos zuecos. La mujer me miró y sonrió: «Impresionante», dijo. «Eres muy valiente.»

Yo no sabía si me lo decía en serio o no, pero me eché a reír. «No te creas. Es una necesidad. No puedo subirme a ese estrado y hablar de autenticidad y valor si no me siento auténtica y valiente. No puedo, literalmente. No he venido aquí para que mi yo profesional se dirija al yo profesional de los asistentes. He venido para dirigirme con el corazón a sus corazones. Esto es lo que yo soy.» Otro paso importante en el aprendizaje para encajar conmigo misma.

Volví a tropezarme con el mundo de los negocios un par de semanas más tarde. Mientras revisaba un montón de información sobre las conferencias en las que iba a participar, leí una nota de uno de los organizadores: «Hemos sabido que intervino en una conferencia el año pasado. ¡Estamos deseando que hable ante nuestros líderes! Cuando nos vimos, usted se refirió a la importancia de conocer nuestros propios valores esenciales, lo cual nos encanta. Sin embargo, también mencionó la fe como uno de sus dos valores de referencia. Dado el contexto de negocios de la conferencia, le agradeceríamos que no mencionase la fe. La valentía era el otro de sus valores principales, lo cual es fantástico. ¿Puede limitarse a hablar de ese valor?».

Sentí una opresión en el estómago y empezó a arderme

la cara. Algo similar, aunque en el otro extremo, me había sucedido unos meses atrás. El organizador de una conferencia me había dicho que aunque «apreciaba mi estilo directo y campechano», preferiría que no soltara tacos, porque corría el riesgo de perder el favor de la parte más religiosa del público, que me «disculparía» pero aun así se sentiría ofendida.

«Vaya chorrada de mierda. Menuda idiotez. No voy a hacerlo. Prefiero no volver a hablar. No pienso transigir más.»

Me he pasado toda mi carrera sentada con gente que me habla de los momentos más duros y dolorosos de su vida. Después de quince años trabajando así, puedo asegurar que las historias de dolor y valentía casi siempre incluyen dos cosas: *oración y maldiciones*. A veces, al mismo tiempo.

Cogí las zapatillas, me las puse y salí a la calle para pensarme la respuesta mientras daba una vuelta por el barrio. Cuando doblé la última esquina antes de llegar a casa, ya había decidido lo que iba a responder a todas las propuestas de ese tipo: «Si cree que voy a adecentar la verdad o a sacar brillo a las experiencias contadas con sinceridad por la gente, se equivoca. No voy a hablar como Joe Pesci en *Uno de los nuestros*, pero si usted no puede tolerar que diga "cabreada" o "chorrada de mierda", o si necesita que finja que la fe no significa nada para mí, está claro que no soy su tipo.[6] Hay montones de profesores y conferenciantes fantásticos: solo tiene que encontrar a uno que vista con formalidad, que maquille la realidad y se muerda la lengua. Pero esa no soy yo. Ya no».

No me moverán.

Cuando Steve volvió a casa, le expliqué mi última resolución; luego me senté a su lado y apoyé la cabeza en su hombro.

—Es duro —dije—. No pertenezco a ningún lugar. No encajo en ninguna parte. En todos los sitios a los que voy, soy una intrusa que infringe las normas y habla de cosas de las que no habla nadie más. No formo parte de un grupo. Y ha sido exactamente igual durante toda mi vida.

Steve no intentó levantarme el ánimo. Por el contrario, asintió y dijo que yo no acababa de encajar en ningún grupo. También me recordó que sí encajaba con él, con Ellen y Charlie, y que podía rezar y maldecir todo lo que quisiera, siempre que tuviera suficiente dinero para pagarle a Charlie por cada taco.

Yo me reí, pero noté que se me iban a saltar las lágrimas.

—He vivido durante toda mi vida al margen —le dije a Steve—. Es muy duro. A veces nuestra casa es el único sitio donde no me siento completamente sola. No tengo la sensación de estar en un camino que me resulte comprensible: no encuentro en él a nadie más. No hay nadie un poco más adelante que me diga: «Tranquila. Hay un montón de profesores, investigadores, narradores y especialistas en liderazgo que rezan y sueltan tacos. Mira, este es el prototipo».

Steve me cogió la mano y me dijo:

—Ya sé que es duro. Y que debes de sentirte sola. Tú eres más bien rara: un caso atípico en muchos sentidos. Pero fíjate: en esa gran conferencia sobre liderazgo había más de veinte ponentes y fuiste tú la más valorada. Con tus tejanos y tus zuecos. Teniendo esto en cuenta, ¿te parece que alguien encajaba allí más que tú? Tú siempre encajarás en cualquier parte si eres tú misma y hablas de ti misma y de tu trabajo de un modo auténtico.

Entonces caí en la cuenta. Ese fue el momento.

Al fin comprendí a un nivel práctico y esencial lo que había dicho Maya Angelou. Le di un beso a Steve, corrí al estudio, abrí el portátil y busqué la frase en Google. Luego volví al sofá con el portátil y se la leí a Steve:

> Solo eres libre cuando comprendes que no perteneces a ningún lugar: perteneces a todos y a ninguno. El precio es elevado. La recompensa, enorme.

Fue en ese momento cuando el relato definitorio de cómo me veía a mí misma —una chica solitaria y sin brillo, mirando con impotencia el tablón de anuncios de un gimnasio para comprobar que pertenecía a alguna parte— cambió radicalmente. Había alcanzado el éxito con mi trabajo. Tenía un compañero fantástico y unos hijos fantásticos. Y, sin embargo, hasta aquel momento no me había liberado de ese relato según el cual no encajaba en mi mundo ni en mi familia de origen.

Steve percibió el cambio.

—El precio es elevado —dijo—. Pero la recompensa es ver cómo tu trabajo se difunde y se transmite con honestidad: de un modo que resulta verdadero para la gente que ha compartido su vida y sus historias contigo.

Le pregunté si él entendía realmente esa extraña dicotomía que consistía en estar solo, pero con un sentimiento de auténtica pertenencia.

—Sí, yo también me siento así constantemente. Es la paradoja de sentirse solo, pero fuerte. A veces los padres se enfadan porque no quiero recetarles antibióticos a sus hijos. Lo primero que dicen es: «Todos los demás pediatras los recetan. Iremos a ver a otro». No es fácil escuchar algo así, pero yo siempre vuelvo a la misma idea: «Me da igual si estoy solo en esto. Un antibiótico no es lo que yo creo mejor para su hijo. Y punto».

Los engranajes de mi mente empezaron a girar más aprisa. Le expliqué a Steve que aunque sentía que ahora entendía la vulnerabilidad y el valor que implica sostenerse sola, aún no lograba zafarme del deseo implícito de formar parte de algo. Yo quería un «pandilla».

—Tienes una pandilla —me dijo él—, pero es muy reducida y no todos sus miembros van a estar de acuerdo contigo ni van a actuar siempre como tú. Aunque, a decir verdad, tú detestas esa clase de pandillas.

Yo sabía que él tenía razón, pero aun así quería comprender mejor el asunto.

Finalmente, me levanté del sofá y le dije que quería profundizar en esa frase de Maya Angelou y en mis datos sobre el sentimiento de pertenencia. Su respuesta aún me hace reír:

—Ah, ya sé cómo va esto. ¿Quieres que compre algo de cena? Con gusto te haré llegar un poco de comida a tu madriguera. La última vez que te metiste en tu estudio para «profundizar» en algo que te rondaba, te pasaste allí dos años.

Conseguí la transcripción completa de aquella entrevista de Bill Moyers con Maya Angelou y leí por primera vez estos últimos comentarios:

MOYERS: ¿Siente que pertenece a algún lugar?

ANGELOU: Hasta ahora, no.

MOYERS: ¿Siente que encaja con alguien?

ANGELOU: Cada vez más. Conmigo misma, quiero decir. De lo cual me siento muy orgullosa. Me preocupa sobre todo cómo miro a Maya. Me gusta mucho Maya. Me gustan el humor y la valentía. Y cuando me sorprendo actuando de un modo que no... que no me satisface, entonces debo ocuparme de ello.[7]

Alcé la vista después de leer estas líneas y pensé: «Maya no pertenece a ningún lugar; solo pertenece a Maya. Yo no pertenezco a ninguna parte, solo a mí misma. Ahora lo pillo. Aún no lo he conseguido del todo, pero al menos estoy en ello».

Esta vez el encierro en la madriguera para investigar se prolongó cuatro años. Revisé datos antiguos, recogí otros nuevos y empecé a desarrollar la Teoría del Verdadero Sentido de Pertenencia.

Descubrí que todavía tenía mucho que aprender sobre lo que de verdad quiere decir pertenecer.

2

La búsqueda del verdadero sentido
de pertenencia

Un verdadero sentido de pertenencia

No sé que habrá exactamente en esta combinación de palabras, pero sí sé que cuando las digo en voz alta me suenan bien. Suena como algo que todos ansiamos y necesitamos en nuestras vidas. Queremos formar parte de algo, pero necesitamos que sea algo real, no condicional ni ficticio ni sometido a una discusión constante. Nos hace falta un verdadero sentimiento de pertenencia, pero ¿en qué consiste exactamente?

En 2010, en *Los dones de la imperfección*, definí el sentido de pertenencia así:

El sentido de pertenencia es el innato deseo humano de formar parte de algo más grande que nosotros. Como este anhelo es tan primario, con frecuencia intentamos adquirirlo encajando con nuestro entorno y buscando la aprobación, que no solo son vacuos sucedáneos del sentimiento de pertenencia, sino que muchas veces constituyen una barrera para alcanzarlo. Dado que el **verdadero sentido de pertenencia** solo se produce cuando mostramos nuestro yo auténtico e imperfecto ante el mundo, nuestro sentimiento de pertenencia nunca puede ser mayor que nuestro nivel de auto-aceptación.[1]

Esta definición ha resistido la prueba del tiempo y la aparición de nuevos datos en la investigación, pero es incompleta. El verdadero sentido de pertenencia entraña mucho más. Ser nosotros mismos implica a veces tener el valor de sostenernos solos, completamente solos. Incluso mientras escribía esto, todavía consideraba que el sentido de pertenencia requería algo exterior a nosotros: algo que obteníamos, sí, al mostrarnos de un modo real, pero que exigía una experiencia en la que siempre estaban implicadas otras personas. Pero a medida que profundicé en la idea de verdadera pertenencia, vi claro que no es algo que logremos o alcancemos con los demás; es algo que llevamos en nuestro corazón. Cuando pertenecemos plenamente a nosotros mismos y creemos plenamente en nosotros mismos, hemos alcanzado el verdadero sentido de pertenencia.

Pertenecer a nosotros mismos significa ser llamados a sostenernos solos, a aventurarnos en las tierras salvajes de la inseguridad, la vulnerabilidad y las críticas. Lo cual, en un mundo que más bien parece un campo de batalla político e ideológico, es extraordinariamente duro. Damos la impresión de haber olvidado que, incluso cuando estamos completamente solos, seguimos conectados unos con otros por algo más grande que la adscripción a un grupo, una tendencia política o una ideología; seguimos conectados a través del amor y del espíritu humano. Por muy separados que estemos por lo que creemos y pensamos, formamos parte de la misma historia espiritual.

Definición del verdadero sentido de pertenencia

Soy una investigadora de teoría fundamentada cualitativa. El objetivo de la teoría fundamentada es desarrollar teorías basadas en las experiencias de la gente, y no tanto demostrar o refutar teorías preexistentes. En la teoría fundamentada los investigadores intentan comprender lo que llamamos «la principal preocupación» de los participantes en el estudio. Respecto al sentido de pertenencia, yo preguntaba: ¿Qué trata de conseguir la gente? ¿Qué le preocupa?

La respuesta era de una sorprendente complejidad. La gente quiere formar parte de algo —sentir una conexión real con los demás—, pero no a costa de su autenticidad, de su libertad o su fuerza. Los participantes decían sentirse rodeados, además, de una cultura del «nosotros contra ellos» que crea sentimientos de desconexión espiritual. Cuando yo intentaba profundizar en lo que querían decir con «espiritualmente desconectados», describían una sensación cada vez menor de humanidad compartida. Una y otra vez, los participantes del estudio decían estar preocupados porque lo único que nos une a todos hoy en día es el miedo y el desdén generalizado, no la humanidad común, la confianza mutua, el respeto o el amor. También decían sentir más temor a discrepar o a debatir con amigos, colegas y familiares, por la falta de urbanidad y de tolerancia.

Reacios a elegir entre la lealtad a un grupo y la lealtad a sí mismos, pero desprovistos de esa conexión espiritual más profunda con una humanidad compartida, decían ser ahora mucho más conscientes de la presión para «encajar» y adaptarse. La conexión con una humanidad más amplia proporciona más libertad a la gente para expresar su individualidad sin temor a poner en peligro su sentimiento de pertenencia. Es el espíritu (que hoy parece faltar) con el que se dice: «Sí, somos diferentes en muchos sentidos, pero por debajo de todo eso estamos profundamente conectados».

Mientras estaba tratando de definir la principal preocupación en lo relativo al sentido de pertenencia, volví a *Los dones de la imperfección* para examinar la definición de espiritualidad que había emergido de los datos de mi investigación de 2010:

La espiritualidad es reconocer y celebrar que estamos todos inextricablemente conectados por un poder más grande que nosotros, y que nuestra conexión con ese poder y entre nosotros mismos se basa en el amor y en la compasión.[2]

Estuve leyendo la expresión «inextricablemente conectados» una y otra vez. Hemos roto ese vínculo. Y en el próximo capítulo os mostraré cómo y por qué lo rompimos. El resto del libro habla de cómo podemos tratar de repararlo, de cómo podemos volver a encontrarnos unos con otros.

A la principal preocupación de los participantes en la investigación actual la llamé «verdadero sentido de pertenencia». Y, a la vista de la definición de antes y de los datos del estudio, no cabía duda de que la lucha de la gente que busca un verdadero sentido de pertenencia es en gran parte espiritual. No se trata en modo alguno de una lucha religiosa en torno a dogmas y cultos, sino de un esfuerzo arduo y sincero para mantenernos conectados con lo que nos une como seres humanos mientras nos movemos por un mundo cada vez más cínico y conflictivo.

Siguiendo el camino de la teoría fundamentada, centré la investigación en estas preguntas:

1. ¿Cuál es proceso, la práctica o la actitud que tienen en común las mujeres y los hombres que han desarrollado un verdadero sentido de pertenencia?

2. ¿Qué se necesita para llegar a un lugar en nuestra vida donde pertenecemos a todas partes y a ninguna, donde el sentido de pertenencia está en nuestro corazón y no es una recompensa por «ser perfeccionistas, por complacer, demostrar y fingir», ni tampoco algo que los demás puedan secuestrar o arrebatarnos?

3. Si estamos dispuestos a aventurarnos en tierras salvajes —sostenernos solos en toda nuestra integridad—, ¿seguimos necesitando ese sentimiento de pertenencia que proviene de una comunidad?

4. ¿El ambiente actual de creciente conflictividad afecta a nuestra búsqueda de un verdadero sentido de pertenencia? Y en caso afirmativo, ¿de qué maneras?

Lo que surgió de las respuestas a estas preguntas fueron los cuatro elementos del verdadero sentido de pertenencia. Estos elementos se encuentran en la realidad del mundo en el que vivimos hoy en día. Las teorías que emergen de esta metodología se basan en la forma de relacionarnos con el mundo en nuestra vida cotidiana; no son hipotéticas. Lo cual significa que no se puede desarrollar una teoría sobre el verdadero sentido de pertenencia sin analizar cómo este mundo cada vez más polarizado modela nuestras vidas y nuestras experiencias de conexión y de auténtica pertenencia. Yo no pretendía escribir un libro sobre el sentido de pertenencia con un trasfondo de caos político e ideológico. Pero eso no lo decido yo. Mi trabajo es reflejar con veracidad los datos recogidos.

Al echar un vistazo a los cuatro elementos, veréis que cada uno implica una práctica diaria y parece una paradoja. Los cuatro van a suponernos un reto:

1. La gente es difícil de odiar vista de cerca. Acércate.
2. Responde con la verdad a las patrañas. Con urbanidad.
3. Cógete de las manos. Con desconocidos.
4. Espalda fuerte. Piel blanda. Corazón indómito.

Territorio salvaje

Cuando surgió de los datos del estudio una imagen más clara del verdadero sentido de pertenencia, y comprendí por qué a veces debemos afirmarnos en nuestras decisiones y creencias, pese al temor a la crítica y al rechazo, la primera imagen que me vino a la cabeza fue la de las tierras salvajes. Teólogos, escritores, poetas y músicos han utilizado las tierras salvajes como metáfora para representar todo lo que va desde un vasto y peligroso entorno donde te ves obligado a superar duras pruebas, hasta un refugio de naturaleza y belleza donde buscar un espacio para la contemplación. En cualquier caso, todas las metáforas de las tierras salvajes tienen en común las ideas de soledad, de vulnerabilidad y de búsqueda, que puede ser emocional, espiritual o física.

Pertenecer ante todo a ti mismo, tan plenamente como para estar dispuesto a sostenerte solo, es estar en una tierra salvaje: en un lugar indómito e imprevisible de soledad y de búsqueda. Es un lugar tan peligroso como espectacular, tan buscado como temido. La tierra salvaje a menudo puede parecer intempestiva porque no podemos dominarla, ni controlar lo que piense la gente sobre nuestra decisión de aventurarnos o no en esa inmensidad. Pero resulta ser una tierra donde es posible experimentar un auténtico sentido de pertenencia: la tierra más feroz y sagrada que pisarás jamás.

El valor especial que hay que tener para experimentar un auténtico sentido de pertenencia no solo tiene que ver con enfrentarse a las tierras salvajes, sino con *convertirse* en las tierras salvajes. Consiste en echar abajo los muros, en salir de nuestros búnkeres ideológicos, en afrontar la vida desde el corazón indómito y no desde las viejas heridas.

No podemos esperar encontrarnos un camino bien trillado a través de esas tierras baldías. Aunque yo pueda transmitir lo que he aprendido de los participantes del estudio que practican el verdadero sentido de pertenencia en sus vidas, todos tenemos que hallar nuestro propio camino en ese territorio salvaje. Y, si sois como yo, algunas partes de ese territorio no os van a gustar.

Tendremos que estar —voluntariamente— con personas distintas de nosotros. Tendremos que inscribirnos, reunirnos y tomar asiento alrededor de la mesa. Tendremos que aprender a escuchar, a mantener duras conversaciones, a buscar la alegría y compartir el dolor, a ser más curiosos que defensivos, sin dejar de buscar siempre momentos de solidaridad.

Un verdadero sentido de pertenencia no es pasivo. No es el sentimiento que procede simplemente de unirse a un grupo. No es encajar, ni fingir ni traicionarse por comodidad. Es una práctica que requiere que seamos vulnerables, que nos sintamos incómodos y aprendamos a estar con los demás sin sacrificar lo que somos. Queremos alcanzar un auténtico sentido de pertenencia, pero hace falta un valor tremendo para aventurarse a sabiendas en situaciones difíciles.

Los siete pilares de la confianza

Uno no se adentra en tierras salvajes sin prepararse. Para sostenerse solo en un entorno hipercrítico o mantener la unidad en medio de la diferencia hace falta una herramienta que está por encima de todas las demás: confianza. Para enfrentarnos a las tierras salvajes y convertirnos en las tierras salvajes debemos aprender a confiar en nosotros mismos y a confiar en los demás.

La definición de confianza que mejor se adecúa a los datos de mi investigación la formuló Charles Feltman. Feltman dice que la confianza consiste en «arriesgarse a hacer vulnerable algo que valoras exponiéndolo a la acción de otra persona» y afirma que la desconfianza consiste en decidir que «lo que es importante para mí corre peligro frente a tal persona en una situación concreta (o en cualquier situación)».[3]

Dado que nos cuesta mucho meternos en la cabeza y en el corazón un concepto tan grande como el de la confianza, y dado que las conversaciones habituales sobre la cuestión «no confío en ti» raramente son productivas, me dediqué a indagar para entender mejor de qué estamos hablando cuando hablamos de *confianza*.

De los datos de la investigación surgieron siete componentes de la confianza que son útiles para confiar tanto en los demás como en nosotros mismos.[4]

Suelo repasar esos siete pilares como si fueran una lista de instrumentos para adentrarse en tierras salvajes. Y me encanta hacerlo porque me recuerda que confiar en mí misma y en los demás es un proceso que me hace vulnerable y que requiere valor. Aunque ya expuse este hallazgo por primera vez en *Más fuerte que nunca*, no me sorprendió ver que la confianza volvía a surgir en las entrevistas sobre el sentido de pertenencia.

Límites. Tú respetas mis límites y, cuando no estás seguro de lo que es correcto y lo que no, me lo preguntas. Estás dispuesto a decir «no» si es necesario.

Fiabilidad. Haces lo que dices que vas a hacer. Esto implica ser consciente de tus capacidades y limitaciones, para no excederte en tus promesas, ser capaz de cumplir con tus compromisos y hallar el equilibrio entre prioridades contrarias.

Responsabilidad. Reconoces tus errores, te disculpas y te enmiendas.

Discreción. No transmites información o experiencias que no te corresponde transmitir a ti. Debo saber que mis confidencias están a salvo y que tú no me transmites información de otras personas que debería ser confidencial.

Integridad. Prefieres el valor a la comodidad. Prefieres lo correcto a lo divertido, lo fácil o lo rápido. Y prefieres poner en práctica tus valores, no solo proclamarlos.

No juzgar. Yo puedo pedir lo que necesito y tú puedes pedir lo que necesitas. Ambos podemos hablar de cómo nos sentimos sin juzgarnos.

Generosidad. Aplicas la interpretación más generosa posible a las intenciones, las palabras y los actos de los demás.

Autoconfianza

No se me ocurre nada más importante en una tierra salvaje que la autoconfianza. El miedo puede hacer que nos extraviemos, pero la arrogancia es todavía más peligrosa. Si releéis la lista cambiando los pronombres, veréis que los siete pilares de la confianza también funcionan como un poderoso instrumento para evaluar nuestro nivel de autoconfianza.

Límites. ¿He respetado mis propios límites? ¿He dejado claro lo que está bien y lo que no?

Fiabilidad. ¿He sido fiable? ¿He hecho lo que dije que haría?

Responsabilidad. ¿He asumido mis errores y rendido cuentas?

Discreción. ¿He respetado las confidencias y transmitido de forma apropiada lo que sé?

Integridad. ¿He actuado según mi propia integridad?

No juzgar. ¿He pedido lo que necesitaba? ¿No me he juzgado por necesitar ayuda?

Generosidad. ¿He sido generoso conmigo mismo?

La búsqueda y la paradoja

Como digo a menudo, soy una cartógrafa experta, pero al viajar puedo perderme y tropezarme como todo el mundo. Todos debemos encontrar nuestro propio camino; lo cual significa que, aunque estemos usando el mismo mapa, tu camino puede ser distinto del mío. Joseph Campbell escribió: «Si ves cómo se extiende tu camino en lontananza, paso a paso, ya sabes que ese no es tu camino. Tu propio camino lo haces con cada paso que das. Por eso es tu camino».[5]

La búsqueda del verdadero sentido de pertenencia empieza con esta definición que elaboré a partir de los datos de la investigación. Servirá como piedra de toque mientras seguimos avanzando juntos:

El **verdadero sentido de pertenencia** es la práctica espiritual que consiste en creer en ti mismo y en pertenecer a ti mismo tan profundamente que puedes compartir tu yo más auténtico con el mundo y descubrir lo que hay de sagrado tanto en formar parte de algo como en sostenerse solo en un territorio salvaje. La verdadera pertenencia no requiere que *cambies* lo que eres; requiere que *seas* lo que eres.

Lo único que sabemos con certeza es que en esta búsqueda necesitaremos aprender a gestionar la tensión de las muchas paradojas que se presentarán por el camino, entre ellas la importancia de *estar con* y *estar solo*. En muchos sentidos, la etimología de la palabra «paradoja» da en el centro de la diana de lo que significa escapar de nuestros búnkeres ideológicos, sostenernos por nuestra propia cuenta y aventurarnos en territorio salvaje. En el griego original, *paradoja* es la unión de dos palabras: *para* (contrario a) y *dokein* (opinión). En latín, *paradoxum* significa «absurdo en apariencia, pero verdadero en realidad». La verdadera pertenencia no es algo que consigas en el exterior; es lo que llevas en tu corazón. Es descubrir lo que hay de sagrado en formar parte de algo y en aventurarse solo en las tierras salvajes. Cuando llegamos a ese lugar, incluso aunque sea momentáneamente, pertenecemos a todas partes y a ninguna. *Parece absurdo, pero es verdad.*

Carl Jung sostenía que la paradoja constituye uno de nuestros bienes espirituales más valiosos y un gran testimonio de la verdad. Me parece que tiene sentido que nos veamos llamados a combatir esta crisis espiritual de desconexión con uno de nuestros bienes espirituales más preciados. Dar testimonio de la verdad casi nunca es fácil, especialmente cuando estás solo en territorio en salvaje.

Pero como nos dice Maya Angelou: «El precio es elevado. La recompensa, enorme».[6]

3

El «agudo solitario»: una crisis espiritual

Cuenta la historia que Bill Monroe se escondía de niño en el bosque, junto a la vía férrea, en ese «trecho largo y recto del costado sur de Kentucky».[1] Bill veía caminar a lo largo de la vía a los veteranos de la Primera Guerra Mundial que volvían a casa. Aquellos soldados agotados soltaban a veces unos largos alaridos agudos y escalofriantes: unos alaridos de dolor y liberación que cortaban el aire como el aullido de una sirena.

Siempre que John Hartford, un aclamado músico y compositor, cuenta esta historia, suelta su propio alarido. En cuanto lo oyes, lo distingues claramente. Ah, vale, ese alarido. No es un animado ¡yupi! ni un gemido de dolor, sino algo a medio camino entre ambos. Es un alarido preñado de desdicha y redención. Un alarido de otro lugar y otra época. Bill Monroe acabaría siendo conocido como el padre de la música bluegrass. A lo largo de su legendaria carrera, solía decirle a la gente que ensayaba ese alarido y que «siempre había pensado que era de ahí de donde procedía su forma de cantar». Hoy en día, a ese sonido lo llamamos high lonesome, «agudo solitario».

El high lonesome es un sonido o un tipo de música dentro de la tradición del bluegrass. Sus raíces se remontan a Bill Monroe y a Roscoe Holcomb y a la región de Kentucky de donde es típico. Es una música que encuentro impresionante. Y dura. Y llena de dolor. Cuando escucho a Roscoe Holcomb cantar a capella «I'm a Man of Constant Sorrow»,* como si una flecha atravesara el aire, se me erizan todos los pelos de la nuca; y cuando escucho el «I'm Blue, I'm Lonesome»** de Bill Monroe se me pone la carne de gallina.[2,3] Al oír ese alarido por encima de las mandolinas y los banjos, sientes el peso de aquellos alaridos de los soldados e incluso distingues vagamente el ruido de un tren lejano traqueteando a lo largo de las vías.

El arte tiene el poder de volver hermosa la tristeza, de convertir la soledad en una experiencia compartida, de transformar la desesperación en esperanza. Solo el arte es capaz de tomar el alarido solitario de un soldado que vuelve de la guerra y convertirlo en una expresión común, en una profunda experiencia colectiva. La música, igual que el arte, da voz al dolor y a nuestras emociones más desgarradoras, les confiere forma y lenguaje para que puedan ser reconocidas y compartidas. La magia del «agudo solitario» es la magia de todas las artes: la capacidad de captar el dolor y, a la vez, de liberarnos de él.

Cuando escuchamos a alguien cantar sobre su corazón

* «Soy un hombre con una permanente tristeza.»
** «Estoy triste, estoy solo.»

desgarrado o sobre la indescriptible naturaleza de la desolación, sabemos de inmediato que no somos los únicos que sufrimos. El poder transformador del arte reside en esa capacidad de compartir. Sin una conexión o una implicación colectiva, lo que oímos es simplemente una expresión aislada de tristeza y desesperación; no hallamos en ello una liberación. Es la dimensión compartida del arte la que nos susurra: «No estás solo».

A mi modo de ver, el mundo actualmente está desgarrado y sumido en un «agudo solitario». Nos hemos segregado en facciones basadas en la política y la ideología. Nos hemos dado la espalda unos a otros y nos concentramos solo en los reproches y la rabia. Estamos solos y desunidos. Y asustados. Rematadamente asustados.

Pero en lugar de unirnos y compartir nuestras experiencias mediante canciones e historias, nos gritamos unos a otros desde una distancia cada vez mayor. En lugar de bailar y rezar juntos, nos alejamos unos de otros. En lugar de lanzar nuevas ideas, ideas audaces e innovadoras que podrían cambiarlo todo, permanecemos callados y encogidos en nuestro búnker y solo levantamos la voz en nuestra propia caja de resonancia.

Cuando reviso los más de doscientos mil datos que mi equipo y yo hemos recogido durante los últimos quince años, solo puedo llegar a la conclusión de que nuestro mundo está inmerso en una crisis espiritual colectiva. Y esto es especialmente cierto si os detenéis a pensar en el núcleo de aquella definición de «espiritualidad» de *Los dones de la imperfección*:

La espiritualidad es **reconocer y celebrar** que estamos todos **inextricablemente conectados** por un poder más grande que nosotros, y que nuestra conexión con ese poder y entre nosotros mismos se basa en el amor y en la compasión.[4]

Ahora mismo ni reconocemos ni celebramos nuestra inextricable conexión. Estamos separados de los demás en casi todos los aspectos de la vida. No nos relacionamos de un modo que reconozca implícitamente nuestra conexión. El cinismo y la desconfianza se han apoderado de nuestros corazones. Y en vez de seguir avanzando hacia una visión del poder como algo compartido entre la gente, estamos asistiendo a un retroceso hacia la visión opuesta, la del poder sobre la gente, característica del autócrata.

Abordar esta crisis exigirá una cantidad enorme de valor. Por el momento, la mayoría de nosotros o bien optamos por protegernos del conflicto, el malestar y la vulnerabilidad permaneciendo callados, o bien decidimos tomar partido y acabamos adoptando —lenta y paradójicamente— el comportamiento de la gente contra la que combatimos. En cualquier caso, las estrategias para proteger nuestras creencias y a nosotros mismos nos dejan desconectados, solos y asustados. Muy poca gente está intentando restaurar la conexión fuera de las fronteras trazadas por su propio bando. Encontrar el amor y el verdadero sentido de pertenencia en nuestra humanidad común exigirá una tremenda determinación. Tengo la esperanza de que esta investigación contribuya a aclarar por qué nuestra búsqueda de un verdadero sentido de pertenencia exige que nos aventuremos en un territorio realmente salvaje. Vamos a examinar varias de las razones que subyacen a esta crisis, empezando por el surgimiento de las facciones enfrentadas.

Cuando nos segregamos nosotros mismos

A medida que la gente busca el entorno social que prefiere, a medida que escoge el grupo con el que se siente más cómoda, la nación se vuelve más segregada en términos políticos; y el beneficio que habría de suponer contar con un abanico de opiniones diversas se pierde por el sentimiento de superioridad que caracteriza a los grupos homogéneos. Estamos presenciando los resultados: comunidades balcanizadas cuyos habitantes encuentran ideológicamente incomprensibles a los demás estadounidenses; una creciente intolerancia a las diferencias políticas que ha vuelto completamente imposible un consenso nacional; y una situación política tan polarizada que el Congreso está bloqueado y las elecciones ya no son contiendas sobre propuestas políticas, sino una enconada disyuntiva entre formas de vida enfrentadas.[5]

BILL BISHOP

Esta es una cita del libro de Bishop *The Big Sort*. Lo escribió en 2009, pero teniendo en cuenta el estado de nuestro país después de las elecciones de 2016 y lo que está ocurriendo alrededor del planeta, ya no debería titularlo

«La gran segregación», sino «La mayor segregación de la historia».

El libro explica cómo nos hemos ido segregando geográfica, política e incluso espiritualmente en grupos de afinidad en los que silenciamos la discrepancia, nos radicalizamos en nuestras puntos de vista y consumimos solo los datos que confirman nuestras creencias, con lo que todavía resulta más fácil ignorar las pruebas que demuestran que estamos equivocados. Bishop escribe «El resultado es que actualmente vivimos en un gigantesco bucle de retroalimentación, porque nuestros propios pensamientos sobre lo que está bien y lo que está mal nos llegan rebotados a través de los programas de televisión que vemos, de los periódicos y libros que leemos, de los blogs que seguimos online, de los sermones que escuchamos y de los vecinos con los que convivimos».[6]

Esta segregación generalizada nos lleva a hacer suposiciones sobre la gente que nos rodea, lo cual a su vez alimenta la desconexión. Hace muy poco, un amigo (que obviamente no me conoce demasiado bien) me dijo que debería leer el libro de Joe Bageant *Deer Hunting with Jesus*.[7] Cuando le pregunté por qué, me respondió con tono desdeñoso: «Para que conozcas la parte de América que los profesores de universidad nunca han visto ni entenderán». Yo pensé: «Tú no tienes ni puñetera idea sobre mí, sobre mi familia ni mis orígenes».

Por muy rápidamente que nos estemos segregando por nuestra cuenta, las personas que nos rodean nos empujan a hacerlo aún más: así saben a qué atenerse a la hora de hablar o actuar; así pueden decidir por qué deben confiar en nosotros o por qué deben desconfiar. Mi amigo pretendía que un libro me ayudase a entender su Estados Unidos. Pero resulta que ese Estados Unidos lo conozco bien. Está lleno de gente a la que quiero. Y sin embargo, para quienes comparten los prejuicios de mi amigo, es un Estados Unidos que supuestamente desconozco y del que mucho menos puedo proceder.

Este tipo de falsa impresión probablemente la tengan la mayoría de las personas que están leyendo este libro. Las cosas, sin embargo, no son tan simples. Porque no somos tan simples. Yo soy una profesora universitaria cuyo abuelo era conductor de una carretilla elevadora en una fábrica de cerveza; y Steve es un pediatra cuya abuela, inmigrante mexicana, cosía en un taller en el centro de San Antonio.

La manera que tenemos de segregarnos por nuestra cuenta y entre unos y otros es, en el mejor de los casos, involuntaria y automática. En el peor de los casos es una forma de estereotipar que deshumaniza. Paradójicamente, a todos nos encanta este sistema prefabricado de clasificación que resulta tan práctico para caracterizar a la gente con una pincelada, pero nos molesta cuando nos lo aplican a nosotros.

En los meses siguientes a las elecciones de 2016 y a la toma de posesión presidencial, me llegaron miles de emails de los miembros de nuestra comunidad pidiendo consejo sobre cómo gestionar la discordia que no solo estaba extendiéndose por todo el país, sino entrando también en la sala de estar de muchos hogares. A diferencia de la segregación demográfica que impera en nuestro país, mi comunidad sigue siendo muy diversa, así que los emails que recibía procedían de ambos bandos. Eran mensajes de personas que explicaban que no se hablaban con su padre o su madre desde hacía semanas, o que relataban cómo una discusión sobre política social había llevado a personas a hablar sobre la posibilidad de divorciarse.

Recuerdo el momento en que la polémica alcanzó un nivel sin precedentes. Era más o menos en torno a Acción de Gracias, y el chiste que circulaba era que había que comprar cubiertos de plástico para evitar que se produjeran bajas durante las celebraciones familiares. Yo no dejaba de pensar en la novela distópica de Veronica Roth, *Divergente*, en la que los individuos escogen entre diferentes facciones según su personalidad.[8] El lema principal era: «La facción antes que la sangre. Más que a la familia, pertenecemos a nuestras facciones». Para echarse a temblar, sin duda. Pero todavía lo es más comprobar que esa idea ya no solo encaja con el terrorífico relato de ficción para el que originalmente fue concebida, sino que cada vez está más cerca de conformar nuestra realidad.

Alejarnos de las personas a las que conocemos y queremos por el hecho de apoyar a unos desconocidos a los que en realidad no conocemos, apenas creemos y desde luego no queremos, y que con toda seguridad no estarán ahí para acompañarnos a quimioterapia o traernos comida cuando nuestros hijos estén enfermos... ese es el lado oscuro de la segregación. La familia es precisamente el grupo que la mayoría hemos escogido para gestionar nuestra vida, no para excluirlo de ella. Aun cuando la polarización política suscitada por los últimos acontecimientos haya destapado diferencias esenciales de valores entre nosotros y nuestros seres queridos, cortar ese vínculo debería ser el último recurso: una medida que procede únicamente cuando ya han fallado las conversaciones más francas y duras y cuando los límites marcados hayan fracasado por completo.

Durante veinte años, he tenido el gran privilegio de enseñar en la Universidad de Houston. Es la universidad de investigación más diversa, desde el punto de vista racial y étnico, de Estados Unidos. Hace un par de semestres, pregunté a una clase de sesenta alumnos de posgrado —un grupo que reflejaba la asombrosa diversidad de nuestra universidad en cuestión de raza, orientación e identidad sexual y origen cultural— si sus convicciones coincidían con las creencias políticas, sociales y culturales de sus abuelos. En torno al 15 por ciento de los alumnos respondió que sí, o poco menos. Un 85 por ciento manifestó sentir incomodidad en grados diversos, desde una leve vergüenza hasta un sentimiento de mortificación, respecto a las ideas políticas de sus familiares.

Un estudiante afroamericano explicó que pensaba exactamente lo mismo que sus abuelos en casi todos los temas, salvo en el que más le importaba: no podía salir del armario ante su abuelo a pesar de que toda su familia sabía que era gay. Su abuelo, un pastor retirado, era muy cerrado sobre la cuestión de la homosexualidad. Una estudiante blanca habló de la costumbre de su padre de dirigirse a los camareros de los restaurantes mexicanos con un «¡Hola, Pancho!». Ella tenía un novio latino y decía que aquello le parecía humillante. Ahora bien, cuando pregunté a los alumnos si odiaban a sus abuelos o pensaban cortar la relación con algunos miembros de su familia por discrepancias políticas o sociales, la respuesta unánime fue *no*. El problema, desde luego, es más complicado.

Y aquí viene la gran pregunta: ¿no cabría pensar que toda esta segregación por creencias e ideas políticas en la que hemos incurrido debería generar una mayor interacción social? Si ideológica y geográficamente nos hemos atrincherado con personas que consideramos iguales que nosotros, ¿no significa eso que vivimos rodeados de amigos y de gente con la que nos sentimos profundamente conectados? El principio «O con nosotros o contra nosotros», ¿no debería haber creado un vínculo más estrecho entre personas afines? La respuesta a estas preguntas es un *no* tan resonante como sorprendente. **Cuando está en auge la segregación, también lo está la soledad.**[9]

Según Bishop, en 1976 menos del 25 por ciento de los estadounidenses vivía en lugares donde las elecciones presidenciales se decidían por una victoria aplastante. Dicho de otro modo, vivíamos puerta con puerta, íbamos a clase y rezábamos en la iglesia con gente que tenía creencias distintas de las nuestras. Éramos ideológicamente diversos. En cambio, en 2016, el 80 por ciento de los condados de Estados Unidos dieron una victoria aplastante a Donald Trump o a Hillary Clinton. La mayoría ya ni siquiera vivimos cerca de gente que sea tan diferente de nosotros en cuanto a ideas políticas o sociales.

Ahora comparemos estas cifras con lo que está ocurriendo en el terreno de la soledad. En 1980, aproximadamente el 20 por ciento de los estadounidenses declaraba sentirse solo. Hoy, el porcentaje es más del doble. Y no se trata solo de un problema local. Los índices de soledad están aumentando rápidamente en muchos países de mundo.

Evidentemente, escoger a nuestros amigos y vecinos afines y separarnos lo máximo posible de la gente a la que consideramos diferente no nos ha proporcionado ese profundo sentido de pertenencia que anhelamos por defecto. Si queremos entender esta paradoja, debemos comprender mejor qué significa estar solo y darnos cuenta de cómo la epidemia de soledad está afectando a nuestra forma de relacionarnos.

Excluidos y marginados

El investigador neurocientífico John Cacioppo, de la Universidad de Chicago, ha estado estudiando la soledad durante más de veinte años. Define la soledad como «la percepción de un aislamiento social».[10] Experimentamos la soledad cuando nos sentimos desconectados. Tal vez nos han excluido de un grupo que valoramos, o tal vez carecemos de un verdadero sentido de pertenencia. Lo que hay en el corazón de la soledad es una falta de interacción social significativa: de una relación íntima, de amistades, de reuniones familiares e incluso de conexiones con grupos de trabajo o comunitarios.

Es importante señalar que una cosa es la *soledad* y otra muy distinta *estar solo*. Estar solo o cultivar la reclusión puede ser algo poderoso y sanador. Como la introvertida que soy, valoro enormemente el tiempo que paso sola, y en ocasiones me siento mucho más sola cuando estoy rodeada de gente. En nuestra casa, a esa sensación de estar desconectado la llamamos «la solitaria».

No podría deciros cuántas veces he llamado a Steve mientras estaba de viaje y le he dicho: «Me ha entrado la solitaria». El remedio normalmente suele ser una charla rápida con él y con los niños. Podrá parecer contradictorio, pero Steve entonces suele aconsejarme: «A lo mejor necesitas pasar un rato a solas en la habitación del hotel». Para mí, ese es un remedio fantástico. No creo que haya nada más solitario que estar rodeado de gente y sentirse solo.

En nuestra familia «la solitaria» sirve para describir toda clase de cosas. No es insólito que Ellen o Charlie digan: «No me gusta ese restaurante. Me da la solitaria»; o: «¿Puede quedarse a dormir mi amiga? En su casa me entra la solitaria».

Cuando los cuatro intentamos profundizar en lo que significaba «la solitaria» para nosotros, todos coincidimos en que nos entra esa sensación en lugares en los que no parece una conexión que los vivifique. Por eso, creo que los lugares mismos, y no solo la gente, pueden albergar también esta sensación de desconexión. A veces un sitio resulta solitario porque se percibe una falta de calor en las relaciones que allí se desarrollan. Otras veces, la incapacidad de visualizarte a ti mismo en conexión con las personas que te importan en un lugar determinado hace que ese espacio resulte solitario en sí mismo.

A pesar de que hay una profunda coincidencia entre lo que yo he descubierto en mi investigación y los hallazgos de Cacioppo, solo cuando asimilé su trabajo comprendí plenamente el importante papel que juega la soledad en nuestras vidas. Él sostiene que, como miembros de una especie social, no sacamos fuerzas de nuestro férreo individualismo, sino de nuestra capacidad colectiva para planear, comunicar y trabajar juntos. Nuestra estructura neural, hormonal y genética antepone la interdependencia a la independencia. Cacioppo escribe: «Llegar a adulto en una especie social, incluida la humana, no significa volverse autónomo y solitario, sino convertirse en un miembro del grupo del que otros pueden depender.[11] Tanto si lo sabemos como si no, nuestro cerebro y nuestra biología han sido modelados para favorecer este resultado». Por supuesto que somos una especie social. Por eso es importante la conexión. Por eso la vergüenza es tan dolorosa e invalidante. Por eso estamos programados para formar parte de algo.

Cacioppo explica con detalle cómo la maquinaria biológica de nuestro cerebro nos advierte cuando nuestra capacidad para crecer y desarrollarnos se ve amenazada. El hambre es una advertencia de que nuestro nivel de azúcar está bajo y necesitamos comer. La sed nos advierte que necesitamos beber para evitar la deshidratación. El dolor nos alerta de posibles daños en nuestros tejidos. Y la soledad nos dice que necesitamos una conexión social: algo tan crucial para nuestro bienestar como la comida y el agua. «Negar que te sientes solo», afirma, «es tan absurdo como negar que tienes hambre».[12]

Y, sin embargo, negamos nuestra soledad. Como investigadora dedicada a estudiar la vergüenza, siento que vuelvo aquí a un territorio que conozco bien. Nos avergonzamos de sentirnos solos, como si sentirse solos significara que algo no nos funciona bien por dentro. Incluso nos avergonzamos cuando nuestra soledad obedece al dolor, a la pérdida o a un desengaño. Cacioppo cree que gran parte del estigma asociado a la soledad deriva de la forma en que la hemos definido y analizado durante años. Solíamos definir la soledad como una «dolencia crónica y corrosiva sin ningún rasgo positivo».[13] La soledad se consideraba equivalente a la timidez, a la depresión, al hecho de ser un marginado o un individuo antisocial, alguien con malas aptitudes sociales. Él ilustra magníficamente esta idea al observar que con frecuencia usamos el término «marginado» para describir a un delincuente o a un criminal.

Cacioppo explica que la soledad no es solamente un estado «lamentable», sino también peligroso. Los cerebros de las especies sociales han evolucionado para reaccionar ante la sensación de estar marginados, de estar fuera del grupo, adoptando el modo de supervivencia. Cuando nos sentimos aislados, desconectados y solos, intentamos protegernos. Estando en ese modo de supervivencia, queremos conectarnos, pero nuestro cerebro pone por delante de la conexión la propia preservación. Lo cual implica menos empatía, más actitud defensiva, más entumecimiento y menos capacidad para conciliar el sueño. En *Más fuerte que nunca* expliqué que al adoptar el modo de supervivencia del cerebro con frecuencia dramatizamos las historias que nos contamos a nosotros mismos sobre lo que ocurre: historias que muchas veces no son ciertas o que magnifican nuestros peores temores e inseguridades.[14] La soledad incontrolada alimenta su propia persistencia porque nos infunde el temor a buscar ayuda.

Para combatir la soledad debemos aprender primero a

identificarla, tener la valentía suficiente como para contemplar esa experiencia peculiar como una señal de advertencia. Nuestra reacción a esa señal debería ser buscar una conexión. Lo cual no significa necesariamente apuntarse a un montón de grupos o contactar con decenas de amigos. Numerosos estudios confirman que lo importante no es la cantidad de amigos, sino la calidad de unas pocas relaciones.[15]

Si sois más o menos como yo, y os sorprendéis cuestionando la idea de que el hambre y la soledad constituyan un riesgo equivalente para la vida, permitidme que os hable del estudio que me ayudó a sintetizar todos estos datos. En un metaanálisis de estudios sobre la soledad, los investigadores Julianne Holt-Lunstad, Timothy B. Smith y J. Bradley Layton hallaron los siguientes resultados: la contaminación atmosférica aumenta tu probabilidad de morir prematuramente un 5 por ciento; la obesidad, un 20 por ciento; el consumo excesivo de alcohol, un 30 por ciento.[16] ¿Y la soledad? La soledad aumenta nuestras probabilidades de morir prematuramente un 45 por ciento.

Es el miedo lo que nos ha traído aquí

Así pues, ¿cómo hemos acabado tan segregados y tan solos? No podemos concluir sin más que el hecho de segregarnos por nuestra cuenta sea el motivo de que nos hayamos vuelto más solitarios. No es así como funciona la investigación. No podemos dar ese salto por las buenas. Sí podemos reconocer, no obstante, que tenemos un problema en una serie de dimensiones que acaso estén relacionadas. Y debemos entenderlas todas si queremos cambiar esta situación.

Cualquier respuesta a la pregunta: «¿Cómo hemos llegado aquí?» tiene que ser compleja, sin duda. Pero si yo tuviera que señalar una variable esencial que alimenta y magnifica nuestra tendencia compulsiva a segregarnos en facciones y, al mismo tiempo, a aislarnos de una conexión real con los demás, diría que es el miedo. El miedo a la vulnerabilidad. El miedo a resultar herido. El miedo al dolor de la desconexión. El miedo a la crítica y al fracaso. El miedo al conflicto. El miedo a no dar la talla. El *miedo*.

Inicié mi investigación después del 11S y, como ya he escrito en otra parte, he observado cómo nos cambia el miedo. He visto cómo el miedo pisoteaba nuestras familias, nuestras organizaciones, nuestras comunidades. El tema de conversación nacional se centra en dos preguntas: «¿Qué debemos temer?» y «¿A quién debemos culpar?».

No soy una experta en terrorismo, pero he estudiado el miedo durante más de quince años y lo que puedo deciros es esto: el terrorismo es miedo de acción retardada. El objetivo primordial del terrorismo, tanto global como doméstico, es lanzar ataques que atemoricen a una comunidad tan profundamente que el miedo mismo se convierta en una forma de vida. Esta manera inconsciente de vivir alimenta a su vez tanta rabia y tantas ganas de culpar a alguien que la gente empieza a enzarzarse. El terrorismo es más efectivo que nunca cuando permitimos que el miedo arraigue entre nosotros. Entonces ya solo es cuestión de tiempo que nos dividamos, nos aislemos y nos dejemos llevar por percepciones subjetivas de carestía y escasez.

Aunque la tendencia a la segregación y al aislamiento es anterior al 11S, todos los datos indican que ha aumentado significativamente en los últimos quince años.

De un modo automático, el trauma inicial y la devastación de la violencia unen a los seres humanos durante un breve período de tiempo. Si en ese período inicial de unión se nos brinda la oportunidad de hablar abiertamente de nuestro dolor y miedo colectivos —si nos acercamos unos a otros con una actitud vulnerable y afectuosa, aunque al mismo tiempo exijamos justicia y responsabilidades—, es posible que ello constituya el principio de un largo proceso curativo. Si, en cambio, lo que nos une es una combinación de odio y temor reprimido que al final desemboca en un afán de buscar culpables, entonces tenemos un problema. Cuando los líderes se apresuran a proponer un enemigo ideológico contra el que actuar todos juntos, en vez de identificar metódicamente al verdadero responsable, nos desviamos emocionalmente de la tarea de desentrañar lo que sucede en nuestros hogares y nuestras comunidades.

Las banderas ondean en los porches de todas las casas y los memes se imponen en las redes sociales; y mientras el miedo socava el terreno y se propaga como una metástasis. Lo que puede parecer un movimiento unánime es en realidad una tapadera del miedo, que entonces puede difundirse y filtrarse por las fallas geológicas de nuestro país. A medida que se consolida y se expande, el miedo ya no constituye tanto una barrera de protección como un elemento disgregador, y es así cómo se cuela por los resquicios y resquebraja nuestros cimientos sociales, ya debilitados por todas esas delicadas grietas.

Y no es solo el terrorismo global y doméstico lo que hace que arraigue el miedo. La persistente violencia aleatoria con armas de fuego, los ataques sistemáticos contra grupos específicos, la virulencia creciente de las redes sociales: todos estos fenómenos difunden oleadas de miedo que fluyen como lava ardiente por nuestras comunidades, introduciéndose por todos los rincones y arrasando los lugares más frágiles y deteriorados.

En el caso de Estados Unidos, nuestras tres grandes fallas geológicas —grietas que se han ensanchado y ahondado a causa de una deliberada negligencia y una falta de coraje colectiva— son la raza, el género y la clase. El miedo y la inseguridad generados por traumas colectivos de todo tipo han destapado esas heridas abiertas de un modo que ha resultado radicalmente divisivo pero también necesario.

Estos debates deben producirse; este malestar debe manifestarse. Aun así, aunque ya es hora de afrontar estos y otros problemas, es preciso reconocer que nuestra incapacidad para entablar con franqueza los debates complicados está impulsando la segregación y la desconexión.

¿Podemos hallar el modo de volver a encontrarnos con nosotros mismos y con los demás y, aun así, seguir luchando por aquello en lo que creemos? No y sí. No: no todo el mundo será capaz de hacer ambas cosas, sencillamente porque algunas personas seguirán creyendo que luchar por sus intereses implica negar la humanidad de los demás. Lo cual impide que establezcamos conexiones fuera de nuestros búnkeres. Yo creo, sin embargo, que la mayoría podemos construir conexiones por encima de las diferencias y luchar por nuestras ideas, siempre que estemos dispuestos a escuchar y a mostrar nuestra vulnerabilidad. Afortunadamente, solo hará falta una masa crítica de gente convencida de que, si buscamos el amor y la conexión más allá de la diferencia, todo puede cambiar. Ahora bien, si no estamos dispuestos a intentarlo, el valor de aquello por lo que luchamos quedará profundamente mermado.

Los datos que surgen de la investigación sobre el verdadero sentido de pertenencia pueden empezar a aclarar por qué estamos segregados pero solos; y quizá nos ofrezcan una nueva perspectiva sobre cómo podemos recuperar la autenticidad y la conexión. El verdadero sentido de pertenencia no tiene búnkeres. Hemos de abandonar las barricadas del instinto de supervivencia y aventurarnos en territorio salvaje.

Atrincherados en nuestros búnkeres, no hemos de preocuparnos de si somos vulnerables, o valientes, o confiados. Nos basta con seguir la línea de nuestro partido. Solo que eso no funciona. Los búnkeres ideológicos nos protegen de todo... excepto de la soledad y la desconexión. Dicho de otro modo, allí no estamos protegidos de los peores padecimientos.

En lo que queda de este libro, vamos a analizar cómo podemos recuperar la conexión humana y el verdadero sentido de pertenencia en medio de este proceso de segregación y distanciamiento. Hemos de hallar el modo de volver a encontrarnos unos con otros; si no, triunfará el miedo. Si habéis leído otros libros míos, ya sabéis que no resultará fácil. Como en todas las empresas importantes, será necesario hacernos vulnerables y estar dispuestos a anteponer el valor a la comodidad. Tendremos que aventurarnos; o, mejor dicho, tendremos que descubrir cómo *convertirnos en territorio salvaje*.

El «agudo solitario» puede ser un lugar bonito y poderoso si somos capaces de reconocer y compartir nuestro dolor, en lugar de infligírselo a los demás. Y si encontramos un modo de sentir la herida, en vez de propagar la herida, podremos cambiar. Yo creo en un mundo donde nos es posible crear y compartir el arte y las palabras que nos ayuden a unirnos de nuevo. Entonces, en vez de gritarnos desde lejos y de negarnos la ayuda cuando pasamos por dificultades, hallaremos el valor para apoyarnos unos a otros. Como canta Townes Van Zandt en una de mis canciones favoritas de música high lonesome, titulada «If I Needed You» [«Si te necesitara»]:

> *Acudiría a tu lado,*
> *cruzaría los mares a nado*
> *para aliviar tu dolor.*[17]

4

La gente es difícil de odiar vista de cerca. Acércate

> Me imagino que uno de los motivos por los que la gente se aferra tan obstinadamente a sus odios es que intuye que, cuando desaparezca el odio, se verá obligada a enfrentarse al dolor.[1]
>
> JAMES A. BALDWIN

Si alejamos el foco y tomamos una panorámica de este mundo cada vez más definido por los informativos de 24 horas, la política y las redes sociales, vemos un montón de odio. Vemos gesticulación, insultos, humillaciones recíprocas. Vemos a políticos que aprueban leyes de cuyo cumplimiento quedarán eximidos gracias a sus recursos, y que adoptan conductas que a la mayoría de nosotros nos harían perder el puesto de trabajo, la familia y la dignidad. En las redes sociales vemos opiniones que prescinden de la responsabilidad, de la verdad y, lo que es peor, de la identidad.

Ahora bien, cuando enfocamos de cerca nuestra propia vida, entonces la imagen pasa de un corazón lejano, rabioso y atrofiado al latido palpitante de nuestra existencia cotidiana. Nosotros sentimos amor y conocemos el dolor. Tenemos esperanzas y dificultades. Contemplamos la belleza y sobrevivimos a los traumas. No gozamos de la protección de los privilegios ni del lujo del anonimato. Tratamos de construir que nos permitan conectar y amar mientras envolvemos almuerzos, compartimos el coche, vamos al trabajo y buscamos todos los momentos de alegría que podemos.

Mientras el mundo a gran escala se adentra en lo que parece ser un colapso completo del juicio moral y la comunicación productiva, aquellas mujeres y hombres que he entrevistado que poseían un sentido de pertenencia más sólido se mantenían enfocados en su propia vida. No ignoraban lo que sucedía en el mundo, ni dejaban de defender sus ideas. Lo que sí hacían, sin embargo, era valorar sus vidas y formarse las opiniones sobre la gente basándose en su propia experiencia personal. Se resistían a la trampa en la que hemos caído la mayoría de nosotros. «No puedo odiar a grandes grupos de desconocidos, porque los miembros de esos grupos que casualmente conozco y me caen bien resultan ser excepciones a la regla.»

Echemos un vistazo a tres ejemplos tomados de los participantes en la investigación.

La retórica política: «Los demócratas son unos perdedores».

Tu propia experiencia: como conservadora de toda la

vida, esa afirmación te parece más o menos cierta. Pero ¿qué hay de tus mejores amigas del trabajo?, ¿de la que te acompañó al hospital cuando te avisaron de que tu marido había sufrido un ataque al corazón en el gimnasio y estaba en urgencias?, ¿sí, de la que se sentó contigo en la UCI y luego corrió a recoger a tus hijos al colegio y se los llevó a su casa?, ¿de la que te ayudó a organizar el funeral y se hizo cargo de tu trabajo mientras tú estabas fuera? *Ella* no es una perdedora. De hecho, la quieres. Y es demócrata.

La retórica política: «Los republicanos son unos gilipollas egoístas».

Tu propia experiencia: ¡estás totalmente de acuerdo! *Salvo* en el caso de tu yerno, que es el maravilloso y encantador marido de tu hijo y el padre absolutamente increíble de tu nieta. Gracias a Dios que forma parte de la familia. Él, incluso más que tu hijo, es el es que os envía a ti y a tu esposa todas esas fotografías deliciosas y el que os mantiene en contacto con vuestra preciosa nieta. *Él* no es egoísta. *Él* no es un gilipollas. Y es republicano.

La retórica política: «Los activistas antiaborto son fundamentalistas hipócritas de mente cerrada».

Tu propia experiencia: como activista feminista, ¡no puedes estar más de acuerdo! Salvo en el caso de aquella gran profesora que tuviste en tu escuela católica de secundaria. Era la persona más íntegra que has conocido, y te animó siempre a pensar de forma crítica sobre los temas más espinosos, aunque eso implicara que discrepases de ella. Fue ella, de hecho, quien te enseñó a ser una activista efectiva. *Ella* no es una hipócrita ni una persona de mente cerrada. Y es antiabortista.

¿Y si lo que experimentamos de cerca es real y lo que oímos en las noticias y de labios de los políticos que luchan por el poder debe ser cuestionado? No es fácil odiar a la gente vista de cerca. Pero, cuando estamos sumidos en el dolor y en el temor, la rabia y el odio son las emociones más a mano. Casi todas las personas a las que he entrevistado o conocido os dirán que es más fácil estar cabreado que dolido o asustado.

A veces me imagino cómo serían las cosas si pudiera meter al mundo entero en un documento Word y hacer un «buscar y cambiar» para reemplazar «odio» por «dolor» en todas las palabras y acciones. Si, por ejemplo, pudiera sustituir el odio de los negacionistas de Sandy Hook* por su dolor; o mi propio odio hacia ellos por el dolor que siento ante un mundo con gente capaz de hacer ese tipo de cosas. ¿Cómo sería esa conversación? ¿Funcionaría? ¿Valdría con preguntarles a los supremacistas blancos por el dolor que alimenta su odio, que a su vez genera tanto dolor y tanto miedo en los demás?

Reconozco que a veces me importa un bledo. Hubo períodos durante el proceso de esta investigación en los que me entraban ganas de gritar: «¡Quédate con tu verdadero sentido de pertenencia! ¡Yo me quedo con mi odio!». Mi hija recibió un libro que describía «la vida en la universi-

* Se refiere a la masacre de 2012 en la escuela primaria Sandy Hook, de Newtown, Connecticut, en la que murieron veinte alumnos y seis miembros del personal educativo. Algunos partidarios de la teoría de la conspiración niegan los hechos o sostienen que fue una operación orquestada por el Gobierno para introducir un control más estricto de la venta de armas.

dad» y los tres primeros capítulos eran básicamente consejos para no ser asaltada sexualmente. ¿De verdad me importa el dolor que impulsa a esos gilipollas borrachos y violentos que convierten los campus en lugares tan peligrosos como para que las estudiantes necesiten un libro de instrucciones sobre cómo evitarlos? No. «¡Que se jodan! ¡A la mierda el dolor de esa gente que causa dolor a los demás! Yo me aferraré a mi dulce rabia moralista.»

Pero ¿con qué fin? Desentendernos de nuestro propio dolor y del dolor de los demás no está funcionando. ¿Cuánto tiempo estamos dispuestos a seguir sacando a personas ahogadas del río, una a una, en lugar de remontar la corriente para dirigirnos a las fuentes del dolor? ¿Qué más necesitaremos para abandonar esa arrogancia moralista y viajar juntos a los orígenes de un dolor capaz de engullirnos tan rápido como para impedir que nos salvemos todos?

El dolor es incesante. Nos vemos obligados a prestarle atención. Pese a todos nuestros intentos de encubrirlo con adicciones, de sacárnoslo a golpes unos a otros, de sofocarlo con el éxito y los lujos materiales, o de estrangularlo con nuestro odio, el dolor encontrará la forma de salir a la luz.

El dolor solo remitirá cuando lo reconozcamos y nos ocupemos de él. Abordarlo con amor y compasión solamente exigirá una mínima parte de la energía que requiere mantenerlo a raya. Lo que pasa es que acercarse de frente al dolor es terrorífico. A la mayoría no nos enseñaron cómo reconocer el dolor, cómo nombrarlo y vivir con él. En nuestra familia y nuestra cultura imperaba la creencia de que la vulnerabilidad que supone reconocer el dolor era una debilidad; así que, a cambio, nos enseñaron la ira, la rabia y la negación. Pero ahora sabemos que la emoción que no reconocemos se acaba apoderando de nosotros. Cuando reconocemos nuestras emociones, por el contrario, podemos reconstruirnos y hallar un camino a través del dolor.

A veces, admitir nuestro dolor y reconocer nuestras dificultades implica dar rienda suelta a la ira. Cuando nos negamos el derecho a ira, negamos nuestro dolor. Hay mucha vergüenza oculta en esa retórica de: «¿Por qué tanta agresividad?», «¡No te pongas histérico!», «¡Detecto aquí mucha ira!» o «No te lo tomes de forma tan personal». Todas estas respuestas suelen decir en lenguaje cifrado: «Tus emociones o tu opinión me incomodan», o «Aguántate y cállate».

Una respuesta distinta sería: «¡Deja que salga toda esa ira!». No es que haya visto confirmado este consejo en mi investigación. Lo que sí he descubierto es que, efectivamente, todos tenemos el derecho y la necesidad de sentir y reconocer nuestra ira. Es una experiencia humana importante. Y al mismo tiempo, es esencial reconocer que no es sostenible mantener durante un largo período de tiempo una dosis de rabia, ira o desprecio (ese cóctel tan apreciado compuesto por un poco de ira y un poco de asco).

La ira es un catalizador. Aferrarse a ella nos dejará agotados y enfermos. Interiorizar la ira nos arrebatará la alegría y el ánimo; exteriorizarla nos hará menos efectivos en nuestros intentos de propiciar el cambio y forjar la conexión. Es una emoción que debemos transformar en algo vivificante: valentía, amor, cambio, compasión, justicia. A veces la ira también puede enmascarar una emoción mucho más difícil, como la pena, el remordimiento o la vergüenza, y entonces debemos usarla para ahondar en lo que de verdad estamos sintiendo. En cualquier caso, la ira es un potente catalizador, pero también una compañera que nos consume y nos absorbe la vida.

No se me ocurre un ejemplo más potente que la frase: «No tendréis mi odio». En noviembre de 2015, la esposa de Antoine Leiris, Hélène, murió a manos de los terroristas en la sala Bataclan de París, junto con otras ochenta y ocho personas. Dos días después de los ataques, en una carta abierta publicada en Facebook, Leiris escribió:

El viernes por la noche, arrebatasteis la vida de un ser excepcional, el amor de mi vida, la madre de mi hijo, pero no tendréis mi odio. No sé quiénes sois y no quiero saberlo. Sois almas muertas. Si ese Dios por el que matáis ciegamente os hizo a Su imagen y semejanza, cada bala que entró en el cuerpo de mi esposa habrá sido una herida en Su corazón.

Así pues, no, no os daré la satisfacción de odiaros. Eso es lo que queréis; pero responder a vuestro odio con ira sería ceder a la misma ignorancia que os ha convertido en lo que sois. Vosotros queréis que viva asustado, que mire a mis conciudadanos con suspicacia, que sacrifique mi libertad a cambio de la seguridad. Habéis fracasado. Yo no cambiaré.[2]

Leiris continúa:

Nosotros solo somos dos —mi hijo y yo—, pero somos más fuertes que todos los ejércitos del mundo. En todo caso, no voy a perder más tiempo hablando de vosotros. He de ir a ver a Melvil, que ya se está despertando de su siesta. Solo tiene diecisiete meses. Se tomará su merienda como cada día y luego jugaremos como cada día; y durante toda su vida este niño os desafiará siendo libre y feliz. Porque tampoco tendréis su odio.

La valentía se forja en el dolor, pero no en cualquier dolor. El dolor negado o no reconocido se convierte en miedo u odio. La ira que no se ha transformado se convierte en amargura y resentimiento. Me encanta lo que dice el premio Nobel de la Paz Kailash Satyarthi en su conferencia TED de 2015:

> La ira está en cada uno de vosotros, y voy a contaros un secreto: si permanecemos confinados en el estrecho caparazón de nuestro ego, y en los círculos del egoísmo, entonces la ira se convertirá en odio, en violencia, en venganza, en destrucción. Pero si somos capaces de romper esos círculos, entonces esa misma ira puede convertirse en un gran poder. Podemos romper los círculos usando la compasión que es inherente a nosotros, usarla para conectar con el mundo y hacer de él un lugar mejor. Esa misma ira podría transformarse así.[3]

Pagamos por el odio con nuestras vidas; y es un precio demasiado alto.

Siempre hay límites.
Incluso en territorio salvaje

Cuando nos comprometemos a acercarnos, nos estamos comprometiendo a vivir tarde o temprano conflictos de verdad, cara a cara. Ya sea durante la cena, en el trabajo o en la cola del súper, el conflicto personal siempre resulta duro e incómodo. Y cuando se produce en familia, aún es más duro y doloroso. Si vuestra familia se parece algo a la mía, habréis tenido que recurrir más de una vez al amor y a la honestidad ante una serie de emociones que van desde la leve frustración hasta la rabia.

Mantener la valentía de sostenerse uno por su propia cuenta cuando es necesario, estando en la familia, o formando parte de una comunidad o ante desconocidos airados, es como enfrentarse a un territorio indómito. Cuando llego al punto de pensar: «¡A la mierda! ¡Esto es demasiado duro! ¡Estoy totalmente perdida!», siempre vuelvo a oír las palabras de Maya Angelou: «El precio es elevado. La recompensa, enorme».[4]

Pero ahí va una pregunta que se me presentó a lo largo de esta investigación: ¿dónde está el límite? O, dicho de otro modo, ¿hay un límite en el territorio salvaje entre el comportamiento admisible y el inadmisible? La recompensa puede ser enorme, de acuerdo, pero ¿debo tolerar que alguien pretenda destrozarme o que niegue incluso mi derecho a existir? ¿Hay un límite que no debería cruzarse? La respuesta es sí.

Los participantes del estudio que ponían en práctica un verdadero sentido de pertenencia hablaban abiertamente de sus límites. De hecho, esta investigación ha confirmado lo que ya había observado en mis trabajos anteriores: cuanto más claros estén y más se respeten los límites, mayor será el nivel de empatía y compasión hacia los demás. Si los límites están menos claros, la apertura será menor. Es muy difícil seguir siendo amable cuando notas que la gente se está aprovechando de ti o te está amenazando.

Al examinar los datos, observé que el límite quedaba trazado con arreglo a la integridad física y a lo que la gente llamaba «integridad emocional». La integridad física tenía sentido: es uno de los requisitos no negociables para exponer tu vulnerabilidad. No podemos mostrarnos abiertos y vulnerables si no está asegurada nuestra integridad física.

La de la integridad emocional era una condición un poco más ambigua. Sobre todo en un mundo donde «integridad emocional» suele significar: «No tengo por qué escuchar ningún punto de vista que sea diferente del mío, que no me guste, que considere equivocado, que hiera mis sentimientos, o que no esté a la altura de mis baremos sobre lo políticamente correcto». Necesitaba indagar más para aclarar la cuestión.

Cuando pedí a los participantes ejemplos de situaciones en las que veían amenazada, o no asegurada, su integridad emocional, surgió una pauta muy clara. No se referían a que pudieran herir sus sentimientos ni tampoco a tener que escuchar opiniones discrepantes; se referían a un lenguaje o comportamiento *deshumanizador*. Reconocí ese rasgo de inmediato. He estudiado la deshumanización y la he analizado en mi trabajo desde hace más de una década.

David Smith, autor de *Less Than Human*, explica que la deshumanización es una reacción ante diferentes impulsos en conflicto. Deseamos hacer daño a un grupo de personas; pero dañar, matar, torturar o degradar a otros seres humanos va contra los principios que tenemos incorporados como miembros de una especie social. Smith explica que existen inhibiciones naturales muy profundas que nos impiden tratar a otras personas como si fuesen animales, una simple presa o un peligroso depredador. «La deshumanización», escribe, «es una forma de subvertir esas inhibiciones».[5]

La deshumanización es un proceso. Encuentro que Michelle Maiese, directora del departamento de Filosofía del Emmanuel College, lo expone de forma comprensible, así que usaré aquí algunos de sus trabajos para que sigamos la argumentación. Maiese define la deshumanización como «el proceso psicológico de demonizar al enemigo, haciendo que parezca infrahumano y, por ende, indigno de un trato humano».[6] Con frecuencia, la deshumanización empieza creando una *imagen enemiga*. A medida que tomamos partido, que perdemos confianza y nos vamos llenando de ira, no solo solidificamos una idea de nuestro enemigo, sino que empezamos a perder la capacidad de escuchar, comunicar y aplicar un mínimo de empatía.

Cuando consideramos moralmente inferior e incluso peligrosa a la gente del otro bando, el conflicto se sitúa en un esquema de buenos y malos. Maiese escribe: «Una vez que los partidos han situado el conflicto en ese esquema, sus posiciones se vuelven más rígidas.[7] En algunos casos, cuando los partidos se convencen de que lo que toca es asegurar la victoria o bien afrontar la derrota, se impone un enfoque de todo o nada. Surgen entonces nuevos objetivos destinados a erosionar o destruir al oponente y, en ocasiones, acceden al poder los líderes más radicales».

La deshumanización ha alimentado innumerables actos de violencia, violaciones de derechos humanos, crímenes de guerra y genocidios. Es lo que hace posible la esclavitud, la tortura y el tráfico de personas. La deshumanización de los demás es el proceso por el cual llegamos a aceptar violaciones de la naturaleza humana, del espíritu humano y —para muchos de nosotros— de los principios fundamentales de nuestra fe.

¿Cómo se produce este proceso? Maiese explica que la mayoría de nosotros creemos que no se debería atentar contra los derechos humanos básicos de la gente: que crímenes tales como el asesinato, la violación y la tortura están mal. Sin embargo, la deshumanización, cuando logra imponerse, genera una *exclusión moral*. Los grupos convertidos en objetivo por su identidad específica —género, ideología, color de piel, origen étnico, religión, edad— se representan como «infrahumanos», o criminales, o incluso malignos. Y al final acaban quedando fuera del campo de quienes se hallan protegidos naturalmente por el código moral que compartimos. Eso es la exclusión moral, y la deshumanización constituye su esencia.

La deshumanización siempre comienza por el lenguaje, con frecuencia seguido de imágenes. Lo hemos visto a lo largo de la historia. Durante el Holocausto, los nazis describían a los judíos como *Untermenschen*, infrahumanos. Los llamaban «ratas» y los representaban como roedores portadores de enfermedades en toda clase de publicaciones, desde panfletos militares hasta libros infantiles. Los hutus implicados en el genocidio de Ruanda llamaban a los tutsis «cucarachas». A los pueblos indígenas se los suele calificar de «salvajes». Los serbios llamaban «extraterrestres» a los bosnios. Los esclavistas de todas las épocas de la historia consideraban animales infrahumanos a sus esclavos.

Ya sé que cuesta creer que hayamos podido llegar hasta el punto de excluir a un grupo de gente de un trato moral igualitario, de nuestros valores morales básicos, pero aquí nos enfrentamos a nuestra estructura biológica. Estamos programados para creer lo que vemos, para atribuir un sentido a las palabras que escuchamos. No podemos suponer que cada ciudadano que participó en —o se limitó a presenciar— atrocidades humanas fuese un psicópata violento. Eso no es posible, no es verdad e implica no entender la cuestión. Lo esencial es que estamos todos expuestos al lento e insidioso proceso de la deshumanización. Por tanto, todos somos responsables de identificarlo y detenerlo.

El valor de abrazar nuestra humanidad

Puesto que tantos sistemas de poder obsoletos han situado a cierta gente fuera del ámbito de lo que consideramos humano, ahora gran parte de nuestro trabajo consiste más bien en un proceso de «rehumanización». Ese proceso empieza igual que la deshumanización: con palabras e imágenes. Hoy en día nos estamos adentrando cada vez más en un mundo en el que el discurso político e ideológico se ha convertido en un ejercicio de deshumanización. Y las redes sociales son las principales plataformas en las que ejercemos el comportamiento deshumanizador. En Twitter y Facebook podemos confinar rápidamente a la gente con la que discrepamos en el peligroso territorio de la exclusión moral, sin asumir apenas ninguna responsabilidad y con frecuencia desde un completo anonimato.

Esto es lo que yo creo:

1. Si te sientes ofendido o herido cuando oyes llamar «zorra» o «puta» a Hillary Clinton o Maxine Waters, deberías sentirte igualmente ofendido o herido cuando oyes estos mismos términos referidos a Ivanka Trump, Kellyanne Conway o Theresa May.

2. Si te sentiste denigrado cuando Hillary Clinton llamó a los seguidores de Trump «pandilla de seres despreciables», deberías haberte sentido igualmente indignado cuando Eric Trump dijo que «los demócratas ni tan siquiera son humanos».

3. Cuando el presidente de Estados Unidos llama a las mujeres «perras» o habla de «agarrarlas del coño», deberíamos sentir un escalofrío y una oleada de resistencia. Cuando la gente llama «cerdo» al presidente de Estados Unidos, deberíamos rechazar ese lenguaje más allá de cual sea nuestra posición política y exigir un discurso que no convierta a la gente en infrahumana.

4. Cuando oímos calificar a ciertas personas como animales o extraterrestres, deberíamos preguntarnos de inmediato: «¿Estamos ante un intento de reducir la

humanidad de alguien para poder hacerle daño impunemente o para negarle los derechos humanos más elementales?».

5. Si te sientes ofendido por un meme de Trump trucado en Photoshop para que parezca Hitler, entonces no deberías pintar a Obama para que parezca un payaso en tu página de Facebook.

Hay un límite. Está marcado por la dignidad. Y la gente enfurecida y asustada, de derechas y de izquierdas, lo cruza con una frecuencia sin precedentes todos los días. Nunca debemos tolerar la deshumanización: es el principal instrumento de violencia utilizado en todos los genocidios de la historia.

Cuando adoptamos una retórica deshumanizadora o difundimos imágenes deshumanizadoras, reducimos nuestra propia humanidad. Cuando llamamos terroristas a los musulmanes, o «ilegales» a los mexicanos, o cerdos a los policías, no estamos diciendo nada sobre la gente a la que atacamos. Estamos diciendo mucho, en cambio, sobre lo que somos nosotros y sobre el nivel al que hemos rebajado nuestra integridad.

Deshumanizar no tiene nada que ver con exigir cuentas a la gente; de hecho, son cosas que se excluyen mutuamente. La humillación y la deshumanización no son instrumentos para pedir cuentas o ejercer la justicia social; son desahogos emocionales en el mejor de los casos, o autocomplacencia emocional en el peor. Y si nuestra fe nos exige buscar el rostro de Dios en cada persona que conocemos, eso debería incluir a los políticos, a los medios y a los desconocidos de Twitter con quienes discrepamos más violentamente. Cuando profanamos su divinidad, profanamos la nuestra y traicionamos nuestra fe.

Proponernos el reto de vivir con criterios más elevados requiere una diligencia y una vigilancia constantes. Estamos tan saturados por ese tipo de palabras e imágenes que poco nos falta para normalizar excepciones morales. Además de la diligencia y la vigilancia, hace falta valor. La deshumanización funciona porque la gente que levanta la voz contra campañas a veces muy sofisticadas de imágenes enemigas —o la gente que lucha para que todos seamos incluidos moralmente y gocemos de los derechos humanos básicos— a menudo sufre duras consecuencias.

Un ejemplo importante es el debate en torno a *Black Lives Matter*, *Blue Lives Matter* y *All Lives Matter*.* ¿Puedes pensar que las vidas negras importan y, al mismo tiempo, preocuparte sinceramente por la integridad de los agentes de policía? Por supuesto. ¿Es posible que te importe la integridad de los agentes de policía y, al mismo tiempo, preocuparte por los abusos de poder y el racismo sistémico en las fuerzas del orden y en el sistema judicial? Sí. Yo tengo familiares que son agentes de policía, y no puedo deciros lo mucho que me importa su seguridad e integridad. Casi todo mi trabajo voluntario lo hago con militares y funcionarios públicos como los policías; o sea, sí me importa. Y si nos importa de verdad, todos debería-

---

* Las Vidas Negras Importan (movimiento contra la violencia policial hacia los negros), Las Vidas Azules Importan (movimiento reactivo en defensa de la policía) y Todas las Vidas Importan (eslogan crítico contra la supuesta parcialidad de *Black Lives Matter*).

mos abogar por unas instituciones justas que reflejen el honor y la dignidad de las personas que prestan servicio en ellas.

Pero entonces, si es posible que nos importen igualmente los ciudadanos y la policía, ¿no deberíamos unirnos y asumir como eslogan «Todas las Vidas Importan»? No. Porque no todas las vidas han sido despojadas de su humanidad como lo han sido las vidas de los ciudadanos negros. Para que la esclavitud funcionara, para que comprásemos, vendiéramos y apaleáramos a personas y traficáramos con ellas como si fueran animales, los estadounidenses tuvimos que deshumanizar por completo a los esclavos. Y tanto si participamos directamente en ello como si simplemente somos miembros de una cultura que en una época normalizó ese comportamiento, es evidente que eso nos ha modelado como sociedad. No podemos deshacer ese grado de deshumanización en una o dos generaciones. Yo pienso que *Black Lives Matter* es un movimiento creado para rehumanizar a los ciudadanos negros. Todas las vidas importan, pero no todas las vidas necesitan volver a ser incorporadas mediante un proceso de inclusión moral. No todas las personas han sido sometidas a un proceso psicológico de demonización o de transformación en seres infrahumanos que nos permitiera justificar la práctica inhumana de la esclavitud.

¿Defender a la vez a la policía y a los activistas implica exponerse y someterse a una gran tensión? Sí, maldita sea. Eso sí que es territorio salvaje. Pero la mayoría de las críticas proceden de personas que insisten en imponernos falsas dicotomías del tipo «o lo uno o lo otro» y en acusarnos por no odiar a quien hay que odiar. Desde luego, es más complicado adoptar una posición matizada, pero también es de crucial importancia para cultivar un verdadero sentido de pertenencia.

Otro ejemplo de cómo manejar las tensiones derivadas del hecho de defender un sistema que amamos y exigirle responsabilidades procede de uno de los participantes de la investigación, un antiguo deportista de la Universidad Estatal de Pensilvania. Este hombre adoptó una firme posición en defensa de las víctimas de los abusos del entrenador asistente Jerry Sandusky: unos abusos que se habían producido gracias al silencio de la dirección del equipo de fútbol y a la protección del entrenador, Joe Paterno.[8] Este deportista decía que no podía creer lo odiosos que se habían vuelto algunos de sus amigos, a los que conocía desde hacía treinta años. «Cuando amas tanto una institución como amamos la Universidad de Penn State», decía, «te esfuerzas por hacerla mejor, por reconocer los problemas y arreglarlos. No finges que todo está bien. Eso no es lealtad ni amor, es miedo».

Cuando la cultura de cualquier organización estipula que es más importante proteger la reputación del sistema y de sus dirigentes que proteger la dignidad humana fundamental de los individuos que colaboran con o se benefician de ese sistema, podéis estar seguros de que la infamia es sistémica, de que el dinero prima sobre la ética y la rendición de cuentas no existe. Esto es igualmente cierto en corporaciones, organizaciones benéficas, universidades, gobiernos, comunidades religiosas, escuelas, familias y equipos deportivos. Si recordáis cualquier gran escándalo alimentado por un encubrimiento deliberado, veréis la misma pauta. Y la reparación y resolución de esa situación de encubrimiento se produce casi siempre en territorio salvaje: cuando una persona sale del búnker y dice la verdad.

Al reflexionar en nuestro viaje desde el afán de encajar hacia el territorio salvaje del verdadero sentimiento de pertenencia, nos resultará muy beneficioso entender e identificar los límites esenciales: unos límites que consisten en respetar la integridad física de todo el mundo y en no participar en experiencias o comunidades que utilizan un lenguaje y/o adoptan conductas que deshumanicen a la gente. Creo que llamar a esto último «integridad emocional» es erróneo. No estamos hablando de herir sentimientos; estamos hablando de las bases mismas de la agresión física y la violencia.

Transformación de conflictos

Además del valor de hacernos vulnerables y de la disposición a poner en práctica los «sietes pilares» de la confianza, para acercarnos a los demás también debemos contar con herramientas que ayuden a gestionar el conflicto. Con este objetivo, le pedí a mi amiga y colega la doctora Michelle Buck que nos echara una mano.[9] Buck es profesora clínica de liderazgo en la Kellogg School of Management de la Universidad Northwestern, donde fue la primera directora de programas de liderazgo. Ha pasado los últimos veinte años dando clases de Transformación de conflictos. Su enfoque tiene el potencial para cambiar cómo nos comportamos ante el conflicto. Reproduzco a continuación la entrevista que le hice. Lo hago en este formato porque quiero que leáis sus palabras directamente. Son muy potentes.

A veces, cuando me siento abrumada, mi actitud por defecto es «vale, aceptemos el desacuerdo y se acabó». ¿Qué opinas de esta actitud?

La gente suele callarse o «aceptar el desacuerdo», sin explorar a fondo la verdadera naturaleza de la discrepancia, para proteger una relación y conservar la conexión. Pero cuando evitamos ciertas conversaciones, y no llegamos a comprender del todo lo que siente la otra persona sobre esos problemas, a veces acabamos sacando conclusiones que no solo perpetúan sino que ahondan los malentendidos, lo cual genera resentimiento. Para la relación, a veces ese resultado puede ser peor que mantener lo que llamamos una «discusión». La clave es aprender a gestionar los conflictos o las diferencias de opinión de un modo que profundice en la comprensión mutua, aunque las dos personas sigan discrepando. Imagínatelo... tras una conversación importante, dos personas pueden haber aumentado su nivel de comprensión mutua y adquirido un mayor respeto mutuo y una mejor conexión, aunque todavía sigan discrepando totalmente. Eso es muy distinto de evitar una conversación y no llegar a saber nada más sobre la otra parte.

Entonces, si decidimos ser valientes y seguir la conversación, ¿cómo nos abrimos paso a través de la vulnerabilidad sin abandonar la urbanidad?

Uno de los consejos clave que doy a mis ejecutivos y estudiantes es que aborden explícitamente las *intenciones* subyacentes. ¿De qué trata la conversación? ¿Y de qué va *realmente*? Parece sencillo, pero en realidad es más fácil decirlo que hacerlo. La intención es la razón más profunda por la que ese tema en particular es tan importante para una persona. Tenemos que comprender lo que nos importa de verdad, y averiguar por qué ese tema es tan importante también para la otra persona. Por ejemplo, dos miembros de una familia pueden discrepar radicalmente sobre la planificación de una celebración familiar. Uno de ellos, o ambos, pueden tener la intención subyacente de querer generar más ocasiones para que la familia esté conectada, lo cual puede sonar muy distinto a cómo suenen los detalles concretos del desacuerdo. Expresar nuestra intención no significa que de repente vayamos a tener las mismas preferencias u opiniones, pero muchas veces nos ayuda a gestionar las conversaciones difíciles y a mantener o mejorar la conexión, porque de esta forma comprendemos nuestros motivos e intereses mutuos más de cerca.

Una de mis peores defensas cuando estoy ansiosa o asustada en un conflicto consiste en hacer «subir al estrado» a la gente. Me pongo en modo abogado feroz y empiezo a tomarles declaración, en lugar de escuchar. «La semana pasada dijiste una cosa. Y ahora dices otra. ¿Mientes ahora o mentías entonces?» Es horrible, y la cosa siempre acaba mal, pero es mi manera de «tener razón». ¿Cuál sería la solución?

Esa es una estrategia muy habitual. Pero si quieres transformar el desacuerdo en una oportunidad para conectar, tienes que distinguir entre el pasado, el presente y el futuro. Cuando el desacuerdo gira en torno a algo que ocurrió en el pasado, es fácil caer en incontables intercambios del tipo «tú dijiste... yo dije». Centrarse en lo que sucedió o no sucedió en el pasado, o en qué hechos pasados han desembocado en la situación actual, suele aumentar la tensión y disminuir la conexión. Un primer paso esencial es desplazar el foco y preguntarse «¿Dónde estamos *ahora*?». Y el punto de inflexión más importante llega cuando nos centramos en el futuro. ¿Qué pretendemos conseguir en el futuro? ¿Hacia dónde queremos que avance nuestra relación, y qué tenemos que hacer, aunque sigamos discrepando, para propiciar ese resultado? ¿Qué queremos como futuro para nuestra familia... o para nuestro equipo, o nuestra comunidad religiosa, o nuestra empresa? Desplazar el foco no significa necesariamente que estemos de acuerdo, pero puede ayudarnos a hallar un acuerdo sobre el futuro común que queremos crear juntos.

Me gusta que uses el término «transformación», y no «resolución», al hablar de los conflictos. Me parece que en cierto modo está más relacionado con la conexión. ¿Cuál sería la diferencia?

En todo mi trabajo he decidido centrarme en la «transformación de conflictos», y no en la fórmula más tradicional de «resolución de conflictos». A mi modo de ver, esto último sugiere que hay que remontarse a un estado anterior de la situación, y además tiene la connotación de que puede haber un vencedor y un perdedor. ¿Cómo se acabará resolviendo ese desacuerdo? ¿Cuál de las soluciones de las partes discrepantes será declarada la mejor? Yo prefiero centrarme en cambio en «transformación de conflictos», lo cual sugiere que, gestionando creativamente todo el abanico de diferencias y desacuerdos, tenemos la oportunidad de crear algo nuevo. Como mínimo, llegamos a saber más sobre cada quien. Idealmente, quizá hallemos nuevas posibilidades que no habíamos considerado. La transformación de conflictos pretende generar una comprensión más profunda. Hace falta tomar perspectiva. Y, en consecuencia, permite una mayor conexión, tanto si hay acuerdo como si no.

Última pregunta. Mientras la otra persona está hablando, yo me paso la mayor parte del tiempo preparando mi argumentación. Quiero estar preparada para contrarrestar la suya. Pero cuando los demás hacen lo mismo conmigo, no lo soporto. Me doy cuenta de que no me están escuchando, en realidad. Es una sensación horrible. ¿Cómo se pueden desacelerar las cosas en medio del conflicto?

Uno de los pasos más esenciales en esta comunicación transformativa, y quizá el que exige más valor, consiste no solo en mantener la mente abierta, sino en querer saber más sobre la posición de la otra persona. Yo pienso, y así se lo digo a mis alumnos, que una de las cosas más valientes que puedes decir en una conversación incómoda es: «Continúa». Justo cuando queremos cambiar de tema, o poner fin a la conversación, o contrarrestar los argumentos del otro, como tú dices, tenemos también la oportunidad de preguntar qué más debemos saber para comprender plenamente el punto de vista de esa persona. «Ayúdame a entender por qué esto es tan importante para ti», o «por qué no estás de acuerdo con esta idea en particular». Y luego debemos escuchar. Escuchar de verdad. Escuchar para entender, no para asentir o discrepar. Escuchar para comprender tal como nosotros queremos ser comprendidos.

El coraje y el poder surgidos del dolor: una entrevista con Viola Davis

Quiero terminar este capítulo con la entrevista que le hice a Viola Davis.[10] Quizá conozcáis a Viola por su actuación en *Criadas y señoras*, *Cómo defender a un asesino* y *Fences* (con la que ganó un Oscar a la mejor actriz de reparto).[11,12,13] Es la primera intérprete negra que ha ganado la Triple Corona: el Emmy, el Tony y el Oscar. En 2017, fue incluida por la revista *Time* entre las cien personas más influyentes del mundo.[14]

La historia de Viola ejemplifica el poder del coraje frente al dolor, de la vulnerabilidad frente al miedo, y muestra cómo vivir y amar de cerca conduce a un verdadero sentimiento de pertenencia.

Cuando le pedí a Viola que me hablara de los comienzos en su camino hacia la verdadera pertenencia, me dijo: «Me he pasado tres cuartas partes de mi vida sintiéndome como una gallina en corral ajeno. No encajaba físicamente. Vivía en una zona católica irlandesa de Rhode Island: chicas blancas con melena larga y rubia. Y yo era la chica de pelo rizado y piel oscura que hablaba con un acento diferente. No era guapa. Sufría el trauma de haber crecido en la pobreza más abyecta: hija de un alcohólico violento. Me hice pis en la cama hasta los doce o trece años. Olía. Los profesores se quejaban del olor y me mandaban a la enfermería. No era una chica normal. Así fueron mis comienzos.

»Todo mi lenguaje relativo al sentido de pertenencia se reducía a la idea de sobrevivir: ¿Puedo darme una ducha caliente? ¿Hay comida hoy? ¿Acabará mi padre matando a mi madre? ¿Habrá ratas en casa?

»No tenía herramientas para afrontarlo y llegué la edad adulta con ese trauma, con el miedo, la angustia y la incapacidad de hablar por mí misma. Todo ello profundamente arraigado en un sentimiento de vergüenza. Empleaba todas mis energías en ocultar y mantener en secreto la brutalidad de mi vida. Y todavía cargaba con esa disfunción en mi vida adulta».

Entonces le pedí que me explicara cómo habían sido sus primeros pasos en territorio salvaje. Ella me respondió: «Sabía que me daba miedo la confrontación, pero solo cuando empecé a hacer terapia descubrí por qué la angustia me impedía prácticamente levantar la voz. Tuve una experiencia en la que debería haberme enfrentado a una persona que me estaba haciendo algo horrible. Lo que descubrí fue que, en ese momento, volvía a una escena de cuando tenía catorce años. Tenía en brazos a mi hermanita, todavía un bebe, y mi padre le estaba clavando un lápiz en el cuello a mi madre. Yo grité: "¡Basta! ¡Dame ese lápiz!" Y él obedeció. Se detuvo y me dio el lápiz. Yo era una niña que se vio obligada a enfrentarse a un adulto. Tuve que adoptar una posición de poder antes de lo debido, antes de estar preparada. Y lo pagué con el miedo».

Viola es una persona que ha hecho la transición desde el miedo hasta territorio salvaje, que se ha aventurado en territorio salvaje, que se ha convertido en territorio salvaje. Yo quería saber cómo se había producido ese proceso.

«A mis treinta y ocho años, las cosas cambiaron. No es que me levantara una mañana y todo estuviera perfecto. Siempre he sabido que soy una mujer fuerte, pero yo quería una felicidad instantánea, una felicidad fácil y rápida. Más herramientas y más trucos. Además, aún podía recaer en la sensación de estar en falta: de no ser lo bastante guapa, lo bastante delgada, lo bastante buena. Un día mi terapeuta me hizo una pregunta crucial: "¿Y qué pasaría si nada cambiara: tu aspecto, tu peso, tu éxito? ¿Te sentirías bien igualmente?" Y por primera vez, pensé: "¿Sabes qué? Sí. Me sentiría bien. De veras".

»Fue entonces cuando me di cuenta de que el pasado no iba a definirme.

»Además, me casé con un hombre increíble que realmente me veía como era. Él era mi recompensa por haberme dedicado tanto trabajo a mí misma. Era bueno, y yo por fin mostraba mi vulnerabilidad y me abría a esa relación.»

Le pregunté: «Cuando una siente que pertenece ante todo a sí misma, siempre se van a producir críticas. ¿Cuál es tu experiencia en este sentido?» Viola respondió: «El mundo de la interpretación puede ser brutal. Las críticas pueden limitarse a comentar: "No lo bastante atractiva; demasiado vieja; demasiado negra; no lo bastante delgada". Todos te dicen que hay que tener la piel bien dura para que no te afecten. Lo que no te dicen es que la piel dura también te impedirá abrirte. Expresar amor, intimidad, vulnerabilidad.

»Yo no quiero que me pase eso. La piel dura ya no funciona. Yo quiero ser transparente y translúcida. Y para que eso funcione, no me dejaré dominar por las críticas ni por los defectos de los demás. No incorporaré a mi mochila lo que dices de mí».

No creo que haya un ejemplo más conmovedor de alguien que fue capaz de reconocer su dolor, asimilar su historia y escribir un nuevo final que implica, entre otras cosas, transformar su dolor en compasión hacia los demás.

«Yo sostuve la mano de mi padre mientras moría», me dijo. «Murió de un cáncer de páncreas. Habíamos conseguido sanar las heridas y nos queríamos mucho. Cuando mi hermana y yo nos sentamos junto a él, nos enteramos de que había odiado su trabajo toda la vida. Durante décadas, se había dedicado a cuidar los caballos de un hipódromo. Nosotras nunca habíamos sabido que lo odiara tanto. Él solo había estudiado hasta segundo de primaria. También trabajó de conserje. No teníamos ni idea de que se sintiera así. Para nosotras, fue demoledor pensar en el sufrimiento que había padecido toda su vida.

»Existe la idea tácita de que las únicas historias dignas de contarse son aquellas que acaban en los libros de historia. Pero no es verdad. Cada historia importa. La historia de mi padre *importa*. Todos somos dignos de contar nuestra historia y de darla a conocer. Todos necesitamos que nos vean y nos elogien, del mismo modo que necesitamos respirar.»

Viola Davis es el territorio salvaje. Le pregunté si el

verdadero sentido de pertenencia había tomado en su caso la forma de alguna práctica habitual. Ella me respondió: «Sí. Hoy en día vivo de acuerdo con unas normas muy sencillas:

1. Lo hago lo mejor que puedo.
2. Me permito a mí misma ser vista.
3. Aplico a todos los aspectos de mi vida el consejo que me dio un profesor de interpretación. Ve más lejos. No tengas miedo. Dalo todo. No te guardes nada en la recámara.
4. No seré un misterio para mi hija. Ella me conocerá y yo le contaré mis historias: historias de fracaso, vergüenza y éxito. Ella sabrá que no está sola en ese territorio salvaje.

Esto es lo que soy.
Este es el lugar donde vengo.
Estos son mis problemas.
Esto es lo que significa pertenecer a mí misma».

5

Responde con la verdad a las patrañas. Con urbanidad

Una persona que miente y otra que dice la verdad juegan, por así decirlo, en equipos opuestos del mismo partido. Ambas responden a los hechos desde sus respectivos puntos de vista, aunque la reacción de una de esas personas se guía por la autoridad de la verdad y la reacción de la otra desafía esa autoridad y se niega a cumplir con sus exigencias. El charlatán, por su parte, no hace ningún caso de esas exigencias. No rechaza la autoridad de la verdad, como el mentiroso, oponiéndose a ella. Sencillamente no le presta ninguna atención. Por este motivo, las patrañas son peores enemigas de la verdad que las mentiras.[1]

HARRY G. FRANKFURT

Me alegro de que Carl Jung nos recuerde que la paradoja es uno de nuestros bienes espirituales más preciados, porque sin ese recordatorio a mí me reventaría esta práctica, en concreto, de las que conducen al verdadero sentido de pertenencia. Me encanta la idea de responder con la verdad a las patrañas; y creo en la urbanidad; solo que encuentro muy difícil combinar ambas cosas. En este capítulo vamos a analizar qué hay detrás de las patrañas, qué forma suelen adoptar y cómo podemos conservar la urbanidad cuando nos vemos rodeados de ellas.

Patrañas

Harry Frankfurt es profesor emérito de Filosofía en la Universidad de Princeton. A lo largo de su carrera ha enseñado en las universidades de Yale, Rockefeller y Ohio State. En 2005 publicó *On bullshit: sobre la manipulación de la verdad*. Es un libro muy breve sobre la naturaleza de las patrañas: sobre lo que las diferencia de las mentiras y sobre los motivos que en ocasiones nos impulsan a soltarlas.

Me fascinaron tres observaciones que Frankfurt hace en su libro, porque las tres reflejan con precisión lo que descubrí entre los participantes del estudio cuando estos se referían a sus dificultades para mantener la autenticidad y la integridad en los debates y discusiones arrastrados por la emoción y no por una visión compartida de los hechos. La primera observación es la diferencia entre las mentiras y las patrañas expuesta en la cita que encabeza este capítulo: resulta útil entender la mentira como un desafío a la verdad y la patraña como una completa negación de la verdad.

En segundo lugar, es importante darse cuenta de que recurrimos con frecuencia a la patraña cuando nos sentimos obligados a hablar de cosas que desconocemos. Frankfurt explica que la convicción tan extendida entre muchos de nosotros de que debemos comentar o valorar cada uno de los problemas del planeta genera una cantidad creciente de patrañas. Me parece absurdo que muchos nos sintamos en la necesidad de tener opiniones fundamentadas sobre cualquier asunto: desde la situación actual en Sudán o Vietnam hasta los efectos del cambio climático en los Países Bajos o la política migratoria en California.

Yo también peco de esto. No recuerdo una sola ocasión durante el último año en la que alguien me preguntara sobre un tema y yo no emitiera una opinión. Aunque no supiera lo suficiente para hablar de ello con conocimiento o al menos con desenvoltura, me he embarcado en debates ideológicos basándome en lo que suponía que «los míos» pensarían al respecto. Tampoco recuerdo una sola ocasión a lo largo del pasado año en la que yo hubiera formulado a alguien una pregunta sobre determinado asunto y obtuviera esta respuesta: «La verdad es que no sé gran cosa sobre lo que sucede allí. Explícamelo tú, por favor».

Ya ni siquiera nos molestamos en mostrar curiosidad, porque nos consta que alguien de «nuestro bando» tiene una posición prefijada. En una cultura marcada por el deseo de encajar —en casa, en el trabajo, en nuestra comunidad—, la curiosidad se considera una flaqueza y formular preguntas se interpreta automáticamente como una muestra de antagonismo, en lugar de valorarse como una forma de aprender.

Por último, Frankfurt considera que la gran difusión actual de las patrañas tiene un origen más profundo: nuestro escepticismo de fondo y nuestra creencia implícita de que no podemos llegar a saber cómo son las cosas de verdad. En su opinión, cuando dejamos de creer que existen verdades efectivas y conocimientos observables que pueden alcanzarse y compartirse, abandonamos la noción de la investigación objetiva. Es como si nos encogiéramos de hombros colectivamente y dijéramos: «Vete a saber. Es demasiado difícil llegar a la verdad. Con que yo diga que es verdad, ya basta».

La aguda observación de Frankfurt sobre las consecuencias de este modo de pensar parece profética ahora, en 2017. A su juicio, una vez que hemos decidido que no tiene sentido intentar ceñirse fielmente a los hechos, nos conformamos con ceñirnos fielmente a nuestro propio grupo. Lo cual da lugar, creo yo, a una de las grandes patrañas de nuestro tiempo: el argumento de «o con nosotros o contra nosotros».

Si no estás conmigo, eres mi enemigo

Como ya he explicado brevemente en un capítulo anterior, uno de los grandes factores que alimentan la segregación actual es lo extendido que está la creencia de: «o estás con nosotros o contra nosotros». Es un lema cargado de pasión que constantemente oímos invocar a todo el mundo, desde los políticos hasta los héroes y malvados de las películas. Se trata de uno de los factores de segregación política más eficaces, y el 95 por ciento de las veces viene a ser la traducción apasionada de una patraña. Bien intencionada o no.

Benito Mussolini recurría mucho a la frase: *«O con noi o contro di noi»* («O con nosotros o contra nosotros»). En las semanas siguientes al 11S, tanto George W. Bush como Hillary Clinton dijeron a los ciudadanos de todo el mundo que o estaban con nosotros frente a los terroristas o estaban contra nosotros. Bush fue un paso más allá al decir: «Cada país de cada región del mundo debe tomar ahora una decisión. O estáis con nosotros o estáis con los terroristas».[2] Y la frase también aparece en nuestras historias de ficción. En *Star Wars: la venganza de los Sith*, Darth Vader le dice a Obi-Wan Kenobi: «Si no estás conmigo, eres mi enemigo».[3]

Normalmente utilizamos la fórmula «conmigo o contra mí» en momentos de intensa tensión emocional. Nuestra intención tal vez no sea manipular, sino subrayar la idea de que nos hallamos en una situación en la que la neutralidad es peligrosa. De hecho, yo estoy de acuerdo con esta idea. Una de mis citas de cabecera procede de Elie Wiesel: «Siempre debemos tomar partido. La neutralidad ayuda al opresor, nunca a la víctima. El silencio anima al torturador, nunca al torturado».[4] El problema es que a menudo los llamamientos apasionados no se basan en hechos y se aprovechan de nuestros temores a no encajar, a que crean que nos equivocamos o nos vean como una parte del problema. Debemos cuestionar cómo se definen los bandos. *¿Estas son las dos únicas opciones? ¿Este es el marco adecuado para entablar este debate o es solo una patraña?*

En filosofía, el lema «o estás con nosotros o contra nosotros» se considera *una falsa dicotomía* o *un falso dilema*. Es una maniobra para forzar a la gente a tomar partido. Si hay otras alternativas (y casi siempre las hay) entonces esa frase es objetivamente falsa: convierte un enfoque alentado por las emociones en un beligerante sentimiento de pertenencia; y beneficia siempre a la persona que lanza el guante y esgrime esas falsas elecciones forzadas.

La capacidad para pensar más allá en estas situaciones de «o esto o lo otro» es la base del pensamiento crítico, pero aun así exige valor. Expresar curiosidad y formular preguntas es algo que se hace fuera de nuestros búnkeres de certidumbre. Para la mayoría de nosotros, aunque el mandato «o con nosotros o contra nosotros» suene más bien como una patraña simplificadora, resulta más fácil y más seguro tomar partido. La discusión está planteada de tal forma que solo hay una opción real. Si guardamos silencio, seremos automáticamente demonizados como «el otro».

La única opción verdadera es negarse a aceptar los términos de la discusión cuestionando el marco en el que se plantea. Pero no os equivoquéis: eso implica optar por el territorio salvaje. ¿Por qué? Porque la discusión está planteada para silenciar la discrepancia y trazar unos límites que sofoquen el debate, el diálogo y las preguntas: justamente los procesos que nos consta que conducen a una resolución real de los problemas.

Si, en cambio, optamos por guardar silencio, el coste individual y colectivo es muy elevado. Individualmente, lo pagamos con nuestra integridad. Colectivamente, lo pagamos con más desunión y, lo que es peor, eludiendo la resolución efectiva del problema. Las respuestas que están respaldadas por la fuerza de la emoción, pero no basadas en hechos contrastados, raramente proporcionan soluciones eficaces a problemas llenos de matices. En condiciones normales, no planteamos falsos dilemas porque queramos manipular a base de patrañas. Más bien solemos echar mano de este recurso cuando nos movemos en una posición marcada por el miedo, la intensidad emocional y la falta de conocimiento. Por desgracia, el miedo, la intensidad emocional y la falta de conocimiento crean el marco perfecto para que nos comportemos con falta de urbanidad. Por eso el ciclo patrañas/falta de urbanidad puede hacerse interminable.

Urbanidad

Es más fácil actuar con urbanidad cuando combatimos la mentira que cuando respondemos con la verdad a las patrañas. Al que suelta patrañas, no le interesa la verdad como punto de partida común. Esto dificulta la discusión y nos hace más tendentes a imitar su conducta, que es: «La verdad no importa; *lo que yo creo* es lo que importa». Resulta útil tener presente el Principio de Asimetría de las Patrañas de Alberto Brandolini, o lo que a veces se conoce como la Ley de Brandolini: «La cantidad de energía necesaria para refutar una patraña es de un orden de magnitud superior a la energía que se requiere para producirla».[5]

En ocasiones, impugnar una patraña es innecesario porque esta solo tiene una intención estética, tal como ocurre, por ejemplo, con un cumplido excesivo o con uno de esos cuentos (es el caso de mi familia tejana) del tipo: «Yo tenía que subir a pie toda la cuesta para ir al colegio... ida y vuelta, incluso con nieve, y tirando de un asno». En cambio, cuando hay mucho en juego y debemos responder a las patrañas con la verdad, he observado que hay dos prácticas que aumentan la efectividad.

Primero: abordar las patrañas con generosidad siempre que sea posible. No debemos dar por supuesto que la gente conoce la verdad y solo está actuando con malicia o mezquindad. En las discusiones acaloradas nos podemos sentir avergonzados por no tener una opinión fundamentada, y esta sensación de no saber puede llevarnos a seguir la conversación a base de patrañas. También es posible que creamos que estamos echando mano de datos reales sin ser conscientes de que no hay nada que respalde lo que decimos. Además, podemos estar tan atrapados por nuestro miedo y nuestro dolor que la verdad y los hechos acaban teniendo un papel secundario en relación a los llamamientos apasionados para entender o ponerse de acuerdo. La generosidad, la empatía y la curiosidad (por ejemplo, ¿dónde has leído o has escuchado eso?) pueden resultar muy eficaces en nuestros esfuerzos por cuestionar lo que estamos oyendo e introducir hechos contrastados.

La segunda práctica es la de la urbanidad. He encontrado una definición de urbanidad del Institute for Civility in Government que refleja fielmente la forma que tenían de entender este concepto los participantes de la investigación. Los cofundadores de esta organización, Cassandra Dahnke y Thomas Spath, escriben:

La urbanidad consiste en reivindicar y cuidar la propia identidad, las propias necesidades y creencias, sin degradar por el camino las de otra persona... [La urbanidad] consiste en discrepar sin faltar al respeto, en buscar un terreno común como punto de partida para dialogar sobre las diferencias, para poder escuchar más allá de los propios prejuicios, y para enseñar a los demás a hacer lo mismo. La urbanidad es la dura tarea de mantenerse presente incluso frente a aquellos con quienes tenemos discrepancias profundas y encarnizadas. Es política en el sentido de que constituye un requisito necesario para la acción cívica. Pero también es política en el sentido de que implica gestionar el poder interpersonal de manera que todo el mundo sea escuchado y nadie quede excluido.[6]

Teniendo presente todo lo que estamos analizando sobre las patrañas, las falsas dicotomías y la urbanidad, vamos a examinar dos historias reales extraídas de mi propia experiencia personal. La primera cuenta cómo me vi metida en una situación de «o con nosotros o contra nosotros» en torno a un tema muy polémico y los esfuerzos que tuve que hacer para conservar la urbanidad en medio de una serie de patrañas. La segunda refleja, en cambio, cómo fui víctima de mis propias patrañas y arrastré sin darme cuenta a todo mi equipo a un esquema de «o conmigo o contra mí». Lo que aprendí de ambas experiencias me ha cambiado.

Calcetines térmicos recargables

Yo sabía perfectamente lo que quería para mi catorce cumpleaños. Se acabaron los jerséis Bobbie Brooks, las piedras mascota, los pósters de Leif Garrett y los calcetines con dedos. Ahora ya era lo bastante mayor para querer regalos serios de adolescente. La lista incluía mi propio juego de rulos Clairol (aquellos con una tapa de plástico que encajaba en un pequeño maletín), el disco *Some Girls* de los Rolling Stones (le había dejado el mío a una amiga, y su hermano mayor lo había vendido para comprar cerveza), unos tejanos Gloria Vanderbilt y un par de zapatos Candie's (aquellos fantásticos zuecos de tacón que llevaban todas las chicas enrolladas).[7]

Me regalaron los rulos, unos tejanos Lee y el álbum de los Rolling Stones. Mis padres me dijeron que encontrara un empleo si quería unos tejanos Gloria Vanderbilt o Jordache, y que me buscara otros padres si quería llevar unos Candie's antes de cumplir los veinte. Ya iba a retirarme a mi habitación para poner «Beast of Burden» a toda pastilla, cuando mis padres me sorprendieron con otro regalo. Por la caja, veía claramente que no eran los Candie's, pero la excitación de mi padre era tan contagiosa que me apresuré a romper el envoltorio.

Unos calcetines térmicos. Unos enormes calcetines de lana gris con pilas. Debí de poner cara de perplejidad, porque mi padre me dijo: «Vamos, chica. Para el refugio de caza. Así no se te enfriarán más los pies».

Me sentí fatal. Supe inmediatamente que nunca iba a necesitar aquellos calcetines, pero no sabía cómo darle la noticia a mi padre. Para mí, la caza se había acabado. En todas nuestras salidas, nunca había abatido un ciervo. No me veía capaz. Podía arreglármelas para cazar una paloma o una perdiz, pero nunca en mi vida le dispararía a un ciervo. Así que, para mí, las cacerías no eran más que días larguísimos en gélidos refugios y noches tiritando junto a mis primos en sacos de dormir.

No volví más, y tampoco usé nunca aquellos calcetines, pero ahora me doy cuenta de lo importante que fue la caza en mi vida mientras crecía. Incluso después de dejar de salir de cacería, aún participaba de la algarabía colectiva y de la expectación que se generaba en casa al abrirse cada nueva veda. Esas fechas formaban parte del calendario familiar, como los cumpleaños o las vacaciones. Y siempre había parientes y amigos de visita, y banquetes con una comida increíble.

Mi padre era muy serio con las cosas de la caza. Solo podías disparar contra aquello que cubría tu licencia, y bajo ningún concepto podías abatir a un animal que no pensaras comerte. En casa estas normas eran innegociables; era como si estuvieran grabadas en las tablas de la ley. Él no toleraba la caza de trofeos ni nada parecido.

Así que veníamos a ser como la sucursal del venado... bistec de venado, salchicha de venado, estofado de venado, cecina de venado, hamburguesas de venado. No había nada como que todos volvieran de cazar y se juntaran unas veinte o treinta personas en casa o en casa de mi abuela para procesar la carne de ciervo, hacer tamales y contar anécdotas entre risas. Mi padre es el menor de seis hermanos y tengo veinticuatro primos directos. Había un montón de bocas que alimentar. Cazar y pescar era tan práctico y necesario como divertido para la mayoría de nosotros.

Todos teníamos armas. Nos regalaban pistolas de balines en segundo o tercero de primaria y rifles de caza en quinto, a las diez u once años, cuando la mayoría empezábamos a cazar. Había muchas medidas de seguridad. De hecho, no nos permitían disparar un arma que no pudiéramos desmontar, limpiar y volver a montar.

Cuando te acostumbras desde la infancia a cazar, tienes una idea muy diferente sobre la realidad de las armas. No son ningún videojuego: sabes muy bien, y lo has comprobado, lo que son capaces de hacer. Mi padre y la gente con la que cazaba tenían muy clara su opinión sobre las armas automáticas y el armamento pesado que la gente usa hoy en día como si fueran juguetes: «¿Quieres utilizar ese tipo de armas? Fantástico. Alístate en el ejército».

Ahora que tengo hijos, miro atrás y me doy cuenta de la poderosa disciplina que había implícita en todas esas normas familiares sobre la caza y las armas, combinadas con la prohibición que teníamos de ver programas violentos en la tele. Yo no pude ver ninguna película catalogada «bajo control parental» hasta los quince años. La posibilidad de idealizar la violencia estaba totalmente descartada. Entonces no teníamos videojuegos violentos, pero puedo imaginarme perfectamente lo que habría pensado de ellos mi padre.

Yo amaba y me enorgullecía de esa parte de la historia de mi familia. Y, como la mayoría de los niños, daba por supuesto que todo el mundo que se había criado en un ambiente de caza y armas habría sido educado con las mismas normas. Pero, al hacerme un poco mayor, me di cuenta de que no era así. A medida que las leyes sobre posesión de armas se convirtieron en un asunto más y más polarizado políticamente, empecé a ver el *lobby* de las armas con más escepticismo. Vi cómo la NRA (Asociación Nacional del Rifle) pasaba de ser una organización que yo asociaba con programas de seguridad, medallas al mérito y torneos benéficos de tiro al plato a otra cosa muy distinta que ya no reconocía. *¿Por qué decían ser los representantes de familias como la nuestra y no ponían ningún límite o parámetro para la posesión responsable de armas?*

A pesar de mis ideas, mi familia empezó a apoyar al *lobby* de las armas, mientras que muchos de mis amigos y compañeros denigraban la posesión de armas en todas sus formas. Enseguida me di cuenta de que no tenía una comunidad ni un espacio ideológico propios con respecto a este tema. Entonces no disponía del concepto de «territorio salvaje» para describir lo sola que me sentía en este asunto. Pero desde luego era, y es, un territorio salvaje.

A finales del año pasado, estaba hablando con un corrillo de gente en una recepción y comenté que mi padre y yo teníamos muchas ganas de enseñar a mi hijo a tirar al plato. Una mujer puso una expresión horrorizada y dijo: «Me sorprende mucho oír que es una amante de las armas. No me parece que tenga pinta de militante de la NRA». Si detectáis un tono mordaz y agresivo en el comentario, es que lo he transmitido con precisión. Había desprecio y repulsión en su rostro.

—No entiendo bien qué quiere decir con «amante de las armas» o con «militante de la NRA» —respondí.

Ella se irguió.

—Si está enseñando a su hijo a disparar un arma, deduzco que defiende la posesión de armas y a la NRA.

Ahí estaba: la falsa dicotomía.

Si defiendo la posesión de armas, entonces apoyo a la Asociación Nacional del Rifle. Ni hablar. Venga ya.

De todos los grupos de presión que he estudiado en los últimos veinte años, ninguno ha sido tan eficaz en el uso del temor y las falsas dicotomías como la NRA. Su retórica actual está trufada de un siniestro «ellos» y nos impone un lenguaje de «nosotros contra ellos» constantemente. «Dejad que cualquiera pueda comprar todo tipo de armas y munición, cuando y donde lo desee, o si no os echarán abajo la puerta, os requisarán las armas, aplastarán vuestra libertad, matarán a todos vuestros seres queridos y acabarán con el modo de vida americano. Van a por nosotros. Ya vienen.» Esa es la mayor sarta de patrañas que he escuchado desde que alguien me dijo: «Si tienes un arma —cualquier arma—, podrías ser la que apretara el gatillo en una de esas terribles masacres». No, no y no.

Así pues, inspiré hondo en plan «no pierdas los estribos», sonreí, y dije:

—Acierta en una de sus dos suposiciones. Apoyo la posesión responsable de armas. No apoyo de ningún modo a la NRA simplemente por apoyar la posesión responsable de armas.

Ella pareció confusa e indignada.

—Pero con todas esas masacres en las escuelas... no entiendo por qué no apoya el control de armas.

Vamos, chica.

—Apoyo totalmente una regulación sensata de las armas. Creo en la eficacia de la verificación de antecedentes y de los períodos de espera. No creo que deba ser legal vender armas automáticas, cargadores de alta capacidad o proyectiles anti-blindaje. No creo en el uso de armas en los campus...

La mujer a estas alturas estaba furiosa.

—O defiendes las armas o no —me espetó.

Como yo ya estaba escribiendo este libro, le dije lo que he pensado toda mi vida, pero me daba miedo decir o no acertaba a ponerlo en palabras. Procuré reunir toda la empatía posible y respondí:

—Ya sé que este es un problema difícil y doloroso, pero creo que no me está escuchando. No voy a participar en ningún debate donde la cuestión quede reducida a la fórmula: «O defiendes las armas o no». Es algo demasiado importante. Si quiere mantener una conversación más amplia, estoy dispuesta con mucho gusto. Y no me sorprendería descubrir que a las dos nos indignan y asustan los mismos problemas.

La mujer se excusó y se fue airada. Seguramente me odia. Quizá el pequeño grupo de gente que nos rodeaba me odie. Quizá *vosotros* me odiéis. Quién sabe. Las cosas no acaban siempre como en las películas. Pero si es así, lo aceptaré.

Y ahora os diré por qué ese desenlace me vale. Yo sabía perfectamente lo que podría haber respondido en ese momento para convertirme en la estrella del grupo. Podría haber traicionado mis convicciones y pasado a ser la heroína en un abrir y cerrar de ojos. Podría haber evitado el enfrentamiento desde el principio. No hacía falta ser Sherlock Holmes para deducir que ninguna de las personas de aquel corrillo eran partidarias de las armas o, al menos, no lo eran de las conversaciones incómodas sobre armas. También podría haber optado por callarme. O haber perdido los estribos. En cambio, me mantuve fiel a mí misma. Lo hice lo mejor que pude para desacreditar el argumento de «o esto o lo otro». Decidí salir a campo abierto, abandonando la seguridad del búnker ideológico en el que se había convertido aquel lugar. Y actué con decoro. Fui respetuosa con ella y conmigo misma.

Me sentí sola en territorio salvaje, pero aún así estuvo bien. Quizá no gusté a los demás, lo cual no resultaba tan agradable, pero mantuve mi integridad. Y es posible que el grupo se sintiera traicionado por mi respuesta o por mi decisión de meterme en una conversación difícil, pero en todo caso —y eso es lo más importante— no me traicioné a mí misma. Saber que eres capaz de aventurarte tú sola en territorio salvaje, que puedes ser fiel a tus principios, confiar en ti misma y sobrevivir, eso es el verdadero sentimiento de pertenencia.

Jefe de personal

La mayoría de la gente se sorprende al saber que, además de mi investigación, dirijo cuatro empresas y trabajo con un equipo de unas veinticinco personas. Están Brave Leaders Inc, The Daring Way, The Marble Jar Store y nuestra compañía paraguas, Brené Brown Education and Research Group. Hay un equipo que gestiona mis conferencias, otro que lleva The Daring Way (nuestro programa de adiestramiento para profesionales asistenciales), un equipo que coordina todo nuestro trabajo voluntario y gratuito, otro que regenta nuestra tienda, líderes que supervisan nuestro programa de becarios de trabajo social, un equipo de experiencia del consumidor, un grupo de investigadores, un equipo que desarrolla y produce contenidos digitales y un equipo central que se ocupa de nuestra misión y de todas nuestras operaciones.

Nuestra misión es «hacer del mundo un lugar más valiente a través de un trabajo que amamos, con gente que nos importa y que está en sintonía con nuestros valores». Cada vez que entro en nuestras oficinas me pregunto cómo he tenido la suerte de disponer de un equipo que cree profundamente en nuestro trabajo y en quienes lo llevamos a cabo. Paso la mayor parte de mi tiempo con el equipo de coordinación, formado por Charles (nuestro director financiero), Murdoch (mi agente) y Suzanne (nuestra presidenta y jefa de operaciones).

Hace poco más de un año, estaba tan desbordada con las presiones combinadas de escribir, viajar para dar conferencias, dar clases, dirigir las operaciones cotidianas de estas empresas e investigar, que el equipo de coordinación convocó una reunión de urgencia en Galveston para ver si encontrábamos una solución a lo que constituía sin duda una situación insostenible. Como me estaba desmoronando a gran velocidad, Steve decidió tomarse el día libre para asistir también. Quería asegurarse de que algo iba a cambiar de verdad, y sabía que a mí me costaba mucho delegar y desentenderme de los problemas. Yo tenía la sensación de que hacía solo cinco minutos era una persona con un libro y un blog, y ahora de repente me veía convertida en presidenta y consejera delegada. Era demasiado, y demasiado deprisa, y me sentía perdida.

Éramos doce, incluidos los cuatro miembros del equipo de coordinación, los que nos reunimos en Galveston. Teníamos tres puntos del día:

1. Confeccionar una lista exhaustiva de todo lo que yo hacía para entender mejor lo que podía ceder a otros.
2. Desarrollar una estrategia que me permitiera mantenerme a flote.
3. Poner por escrito todas las ideas, planes y estrategias que bullían en mi cabeza para que pudiéramos evaluar lo que era importante y lo que no.

A las dos horas de empezar la reunión, alguien sugirió que una solución a todos nuestros problemas sería contratar a alguien que ejerciera el papel de «jefe de personal». Naturalmente, cuando oigo «jefe de personal» solo se me ocurre pensar en Leo McGarry, el jefe de personal del presidente Bartlet en *El ala oeste de la Casa Blanca*.[8] Primero me eché a reír, pero al cabo de unos minutos todo el mundo estaba tan entusiasmado con la idea que empecé a animarme. Cuando llevábamos media hora analizándola, uno de los miembros de nuestro equipo se ofreció voluntario para ocupar ese puesto y yo sentí más alivio y entusiasmo del que había sentido en un año. Incluso tenía los ojos un poco empañados. Ya estaba totalmente volcada en la idea y, cuando eso ocurre, la gente que me rodea suele notarlo.

Soy una persona apasionada e intensa. Y, aunque me encanta el humor y desternillarme de risa hasta llorar, la mayoría de la gente que me conoce me describiría como una persona muy seria. La primera vez que alguien me lo dijo, me sentí herida. Yo siempre me había creído chispeante y caprichosa, como la Meg Ryan de *French Kiss*.[9] Cuando finalmente cotejé con Steve esa distorsionada percepción de mi personalidad, él me lo confirmó: «¿Amable y divertida? Sí. ¿Chispeante y pizpireta? No. ¿Seria? Casi siempre».

Mi equipo me ha transmitido la impresión de que en ocasiones, cuando me pongo apasionada e intensa con una idea, es como estar en el «túnel de viento Brené». Aseguran que resulta difícil resistirse, no digamos alzar la voz. Aquel puesto de jefe de personal me parecía un salvavidas y yo ahora me había convertido en su mayor defensora. Así que se puso en marcha el túnel de viento. Miré a todos y dije: «Esto lo va a cambiar todo. Yo digo que empecemos ahora. ¡Cuanto antes mejor!».

Capté cierta inquietud en las caras del equipo de coordinación, pero me sentía momentáneamente liberada de mi desesperación, y la sensación era tan agradable que no me importó mucho esa pizca de reserva que percibía. Inspiré hondo y dije: «O lo intentamos ya, o acabaremos fingiendo que todo será diferente a partir de mañana aunque sepamos que no será así».

Todo el mundo permaneció callado unos segundos. Yo pasé a una página nueva de mi dietario, escribí «Jefe de personal» y me puse a numerar el margen de arriba abajo. Ahí empezaría a hacer la lista de las responsabilidades que podía delegar en esa nueva figura para conseguir recuperar al menos una parte de mi vida. Al alzar un momento la vista, vi que Suzanne tenía levantada la mano.

Me salió una sonrisa, porque encontraba gracioso que levantara la mano, en lugar de hablar directamente. La miré y dije:

—¿Sí, Suzanne?

Ella estaba ruborizada, pero su mirada y su voz se mantenían firmes.

—Quiero recordar a todos los presentes, en especial al equipo de coordinación, que en su momento decidimos no contratar a nadie ni modificar el organigrama dentro del grupo. Nos comprometimos a avanzar poco a poco y a hablar las cosas como un equipo pequeño antes de tomar decisiones de este tipo.

Mi sentimiento de esperanza se desvaneció de golpe. Steve me contó después que nunca había visto a nadie desinflarse tan visiblemente. Yo me quedé mirando a Suzanne. Mi decepción se estaba transformando a toda velocidad en ira. Antes de que pudiera decir una palabra, Suzanne añadió:

—No creo que las opciones sean tomar esta decisión ahora mismo o fingir que todo será diferente a partir de mañana aunque sepamos que no será así. Vamos a trabajar en esto hasta arreglarlo. Pero yo creo en el compromiso que asumió nuestro equipo de no tomar decisiones en estas circunstancias.

Hicimos un descanso y yo me fui al baño y me eché a

llorar. Estaba agotada; desesperada por encontrar ayuda y apoyo; y, tras cinco minutos de llanto, profundamente agradecida a Suzanne. Ella tenía razón. Me reventaba abandonar la idea de una solución mágica, aunque yo misma sabía desde el principio que apestaba a patraña. Las situaciones desesperadas piden medidas desesperadas, y las medidas desesperadas a menudo están fertilizadas con el estiércol de las patrañas.

Al salir del baño, Suzanne me estaba esperando fuera. Le di las gracias por ser tan valiente y ella me aseguró que sabía que la situación actual era mala para mí, para nuestro trabajo y para todo el mundo, y que debía modificarse. Me prometió que todos juntos encontraríamos una nueva forma de trabajar.

Suzanne aún describe aquel momento como uno de los más difíciles de todo el tiempo que llevamos juntas. Para ella, cuestionar mi decisión era aventurarse totalmente en territorio salvaje. Se sentía sola, vulnerable, asustada. Y, a decir verdad, estaba completamente sola cuando levantó la mano en la reunión. En cuanto a mí, fue aquel día cuando me di cuenta de que podía confiar en ella para cualquier cosa. La ascendí a presidenta de Brené Brown Education and Research Group. En la actualidad dirige las operaciones diarias de las empresas. Y es absolutamente fantástica.

Con esta experiencia nuestro equipo también empezó a comprender lo importante que es construir una cultura empresarial que fomente el verdadero sentido de pertenencia. Si deseamos de verdad que la gente se implique, alce la voz, asuma riesgos e introduzca innovaciones, hemos de crear culturas de trabajo en las que la gente se sienta a salvo, en las que su sentimiento de pertenencia no se vea amenazado por el hecho de expresar su opinión y en las que encuentren apoyo cuando decidan aventurarse en territorio salvaje, sostenerse solos y responder con la verdad a las patrañas.

Resulta fácil subestimar la importancia de la urbanidad en el trabajo, pero las últimas investigaciones muestran lo paralizante que puede ser la falta de respeto para los equipos y las organizaciones. Christine Porath, una profesora asociada de dirección de empresas de la Universidad de Georgetown, escribe: «La falta de urbanidad puede fracturar un equipo, destruir la colaboración, socavar la seguridad psicológica de sus miembros y menoscabar la efectividad general. Los comentarios denigratorios y humillantes, los insultos y otros comportamientos groseros pueden minar la sensación de seguridad, disminuir la confianza y erosionar la buena disposición incluso de aquellos que no son objeto de tales conductas».[10] Porath aduce sus propias investigaciones y otros estudios para demostrar que la aplicación y el cumplimiento de unos baremos de urbanidad mejoran el funcionamiento y el rendimiento de los equipos.

Tuve la oportunidad de entrevistar para esta investigación a Pete Carroll, el entrenador de los Seattle Seahawks de la Liga Nacional de Fútbol Americano. Cuando le pregunté acerca del reto que supone desarrollar una cultura organizativa basada en el sentido de verdadera pertenencia, él me proporcionó lo que considero una profunda visión del liderazgo valiente:

Es indudable que resulta más fácil implantar una cultura destinada a «encajar». Estableces unos baremos y unas normas, y diriges al equipo al grito de: «o tragas o te callas». Pero así pierdes oportunidades reales: sobre todo la posibilidad de ayudar a los miembros del equipo a encontrar su propio objetivo. Cuando impones una cultura pensada para la integración y el encaje, pierdes la oportunidad de ayudar a la gente a encontrar su motivación personal, o sea, lo que sale de su corazón. Liderar de acuerdo con un sentido de verdadera pertenencia consiste en crear una cultura que promueva la singularidad. Lo más útil para un líder es comprender los mejores esfuerzos de sus jugadores. Mi trabajo como líder es identificar la aportación o el talento de carácter único de cada uno. Un líder fuerte impulsa a los jugadores hacia un conocimiento más profundo de sí mismos.[11]

Las palabras como armas

A veces la urbanidad adopta la forma del respeto y la generosidad. Hace poco di una clase online con la doctora Harriet Lerner sobre cómo presentar una disculpa auténtica y sincera, y sobre cómo aceptarla. Me resultó apabullante. Creo que deberíamos emitir estas lecciones sobre las disculpas a través de un canal de televisión orwelliano para que toda la gente de este país adquiera esas habilidades. ¡Las necesitamos!

La invitación de Harriet a poner en práctica la escucha y la disculpa, sin ambages ni excepciones, me hizo descubrir que cuando estoy acorazada prefiero tener la razón a mantenerme conectada y volcada en mi relación con la otra persona. Quiero ganar. Me encanta tener la razón.

La necesidad de tener la razón se magnifica cuando nos sentimos atacados y metidos en territorio hostil. Un ejemplo cultural de ello es la corrección política. La historia de este concepto es tan agitada y alocada como lo han llegado a ser las conversaciones sobre él. A estas alturas, el término «políticamente correcto» está tan cargado que considero que tiene más sentido hablar de *lenguaje inclusivo*.

Dado lo que sabemos sobre deshumanización, creo que el lenguaje inclusivo es de una importancia vital: sin duda merece la pena el esfuerzo y es uno de los elementos de la urbanidad. Con frecuencia tomamos partido en los grandes debates políticos en torno a cuestiones como los nombres de los equipos deportivos y, en cambio, pasamos por alto otros casos cotidianos que resultan igualmente denigrantes. Por ejemplo, digamos que os han diagnosticado un trastorno de ansiedad y que vuestro hijo tiene un trastorno de déficit de atención. ¿Cómo os sentiríais si oyerais decir al médico: «Sí, ya ves. Ahora, a las 2, viene el del trastorno de ansiedad; y luego, antes de irme a casa, voy a ver al chaval TDA»? Los defensores del lenguaje inclusivo dirían que vosotros no sois vuestro diagnóstico, sino personas con ansiedad. Es algo que nos afecta a todos. Nadie quiere verse reducido a uno de sus rasgos.

Pero el problema del lenguaje inclusivo se produce cuando la gente utiliza el lenguaje correcto como un arma para avergonzar o menospreciar a los demás. Este fenómeno surgió una y otra vez en mi investigación. Incluso los instrumentos de la urbanidad pueden convertirse en un arma arrojadiza cuando hay una intención agresiva. Os relataré un par de historias.

Un hombre de veintitantos años contó que había viajado en coche desde su casa de Los Ángeles hasta Newport Beach para ver a sus padres. Me explicó que durante el trayecto se hizo el propósito de ser más paciente y tolerante con su padre. Ambos tenían una larga historia de desencuentros.

La misma tarde de su llegada, mientras hablaba de naderías con su padre en la cocina, preguntó:

—¿Qué tal tus nuevos vecinos?

—Nos caen muy bien —dijo su padre—. Los hemos invitado un par de veces a cenar y nos hemos hecho amigos. La semana que viene nos van a hacer una cena especial. Son orientales, y la mujer va a preparar sus bolas de masa, así que tu madre está muy ilusionada.

El joven me explicó que se lanzó a la carga en el acto.

—¿Orientales? Por Dios, papá. ¿Estás de broma? Qué racista.

Antes de que su padre pudiera responder, continuó criticándole.

—¡Decir «oriental» es superracista! ¿Sabes siquiera de dónde son? No hay ningún país que se llame «Oriente». ¡Qué vergüenza!

Su padre, en vez de ponerse a discutir, permaneció de pie en la cocina con la cabeza gacha. Cuando finalmente la levantó y miró a su hijo, tenía lágrimas en los ojos.

—Perdona, hijo. No sé muy bien lo que he hecho para que te pongas tan furioso. Está visto que no hago nada bien. Todo lo que digo o hago te parece mal.

Se hizo un completo silencio.

Luego su padre añadió:

—Me quedaría para que siguieras diciéndome lo estúpido que soy, pero tengo que llevar a esa vecina a la que se supone que odio a recoger a su marido a la clínica donde le han operado de cataratas. Ella no conduce y él ha tomado un taxi esta mañana.

Durante la entrevista, el joven me dijo que no supo qué hacer o qué decir, así que se alejó antes de que su padre saliera de la cocina.

La segunda historia me sucedió a mí. Estaba dando un curso de medio día sobre resiliencia a la vergüenza (ah, qué ironía) y había un público de unas doscientas personas. Al llegar a la mitad, hicimos un breve descanso. Yo estaba revisando mis notas cuando se me acercó una mujer y me dijo:

—No sabe lo mucho que me ha ofendido esta mañana.

Me quedé patidifusa. El tiempo se ralentizó y yo empecé a experimentar una visión en túnel: mi reacción normal de vergüenza. Antes de que pudiera abrir la boca, ella añadió:

—Su trabajo me ha cambiado la vida. Salvó mi matrimonio y ha modelado a mis hijos. He venido porque es una figura muy importante para mí. Pero a los quince minutos de empezar, he descubierto que es antisemita. Yo confiaba en usted, pero usted ha demostrado ser un fraude.

Una oleada de vergüenza de gigantescas proporciones. Una pesadilla hecha realidad.

A duras penas pude farfullar:

—No entiendo.

—Usted ha dicho mientras explicaba su historia que se sentía «totalmente *gypped*, estafada».

Yo seguía sin pillarlo.

—No entiendo —repetí.

Ella alzó la voz.

—¿Cómo que no? Ha dicho *gypped*. ¡*Gypped!* ¿Cómo cree que se deletrea la palabra?

Era una pregunta extraña, pero yo estaba demasiado sumida en la vergüenza para decir algo útil, del tipo: «Veo que está muy enfadada. Vamos a hablarlo con calma». Me detuve unos instantes para tantear mentalmente la palabra y encontrar alguna similar que me sirviera de referencia y me ayudara a deletrearla. Pero no se me ocurría ninguna.

—Mmm... *J-i-p-p-e-d*.

—¡No! —gritó ella—. Nada de jota. Es con ge. *GYP-PED*. Como *gypsy*, gitano. Es un término antisemita que degrada a los gitanos.*

Yo no tenía ni idea. Estaba completamente confusa. ¿Acaso me encontraba en una de esas situaciones de pesadilla en las que la verdad sale por fin a relucir? ¿Odiaba a los gitanos? ¿Era una trabajadora social políticamente correcta que en el fondo albergaba sentimientos de odio hacia los gitanos?

No. Simplemente, no lo sabía. No tenía la menor idea.

Supongo que mi expresión le dijo a la mujer que no mentía, porque enseguida exclamó:

---

* Un término aproximado en castellano sería «gitanada», pero *gypped* es más usual y menos transparente y, como incluso puede deletrearse con «j», no todo el mundo conoce su origen.

—¡Ay, Dios mío! Usted no lo sabía. No lo ha hecho a propósito, ¿verdad?

A estas alturas, ya se me habían saltado las lágrimas.

—Lo siento mucho —dije—. No lo sabía. Disculpe.

Ella me abrazó y luego estuvimos unos minutos hablándolo. Cuando volvió todo el mundo, expliqué lo que acababa de descubrir y me disculpé ante la gente por utilizar ese término. Pero a decir verdad, ya no me recuperé del todo aquella tarde.

En el caso del joven que fue a ver a su padre, habría resultado tan sencillo como decir: «¿Sabes, papá?, la gente ya no usa el término "oriental". El lenguaje cambia tan deprisa... Me ha parecido que debía decírtelo». Y si quería ser realmente empático, habría podido añadir: «Yo también descubro cada día cosas nuevas».

Si mi trabajo significaba tanto para esa mujer de la conferencia, ella podría haberse dirigido a mí con una suposición más generosa. Podría haber dicho: «No sé si lo sabrá, pero *gypped* es una palabra denigratoria basada en un estereotipo hiriente sobre los gitanos». Y, en ese caso, yo me habría sentido agradecida en lugar de avergonzada.

No sé vosotros, pero yo quiero saber si estoy diciendo algo ofensivo. Pretendo ser amable y considerada al expresarme, porque soy extremadamente consciente de lo mucho que importan las palabras. ¿Resultará incómodo sacar el tema a colación? Sí. ¿Es frustrante tener que explicar a la gente por qué sus palabras pueden resultarte hirientes? Sí. ¿Hablar de estas cuestiones requiere aventurarse en territorio salvaje? Sí. Pero también requiere que expongamos nuestra vulnerabilidad, y eso resulta difícil cuando convertimos las palabras en armas.

Aventurarse

Para responder con la verdad a las patrañas y actuar con urbanidad hemos de empezar por conocernos a nosotros mismos y analizar las situaciones y los problemas que nos impulsan a soltar nuestras propias patrañas o nos impiden mantener las formas. Si volvemos a nuestros siete pilares de la confianza, estas situaciones exigen que les prestemos mucha atención a los siguientes aspectos:

1. Límites. ¿Qué es aceptable en una discusión y qué no lo es? ¿Cómo marcas un límite cuando te das cuenta de que estás soltando patrañas a mansalva?
2. Fiabilidad. Decir patrañas equivale a perder la fiabilidad. Cuesta confiar o inspirar confianza cuando decimos patrañas con demasiada frecuencia.
3. Responsabilidad. ¿Cómo exigir y exigirnos responsabilidades para recurrir menos a las patrañas y mantener un debate más honesto, para reducir los desahogos emocionales y aumentar el nivel de urbanidad?
4. Discreción. La urbanidad nos lleva a respetar la confidencialidad. Las patrañas prescinden de la verdad y fomentan las violaciones de la privacidad.
5. Integridad. ¿Cómo mantenemos nuestra integridad cuando nos enfrentamos a un montón de patrañas, y cómo nos la arreglamos para detenernos en mitad de nuestro propio desahogo emocional para decir: «¿Sabes qué?, no creo que esta conversación sea productiva», o «Me tendría que estudiar mejor este tema»?

6. No juzgar. ¿Cómo nos las arreglamos para no juzgarnos a nosotros mismos cuando lo correcto es decir: «No sé gran cosa sobre esta cuestión. Explícame lo que tú sabes y dime por qué es importante para ti»? ¿Cómo podemos evitar ponernos en modo «ganador/perdedor» y ver, en cambio, una oportunidad de conexión cuando alguien nos dice: «No sé nada sobre este tema»?

7. Generosidad. ¿Cuál es la suposición más generosa que podemos hacer sobre la gente que nos rodea? ¿Qué límites deben estar marcados para que seamos más amables y más tolerantes?

Sé que la práctica de responder con la verdad a las patrañas sin perder la urbanidad suena como una paradoja, pero ambas cosas son elementos profundamente importantes del verdadero sentimiento de pertenencia. Carl Jung escribió: «Solo la paradoja está cerca de abarcar toda la plenitud de la vida».[12] Somos seres complejos que se levantan cada mañana y se esfuerzan para no ser etiquetados ni denigrados con estereotipos y caracterizaciones que no reflejan la completa integridad de nuestro ser. Sin embargo, cuando no nos arriesgamos a sostenernos solos ni a alzar la voz, cuando las opciones que nos presentan nos obligan a caer en esas mismas categorías a las que nos oponemos, entonces perpetuamos la desconexión y la soledad en nuestro propio proceder. En cambio, cuando estamos dispuestos a aventurarnos en territorio salvaje, e incluso a convertirnos en nuestro propio territorio salvaje, sentimos la más profunda conexión con nuestro verdadero yo y con lo que más importa.

6

Cógete de las manos. Con desconocidos

Estamos sumidos en una crisis espiritual, y la clave para desarrollar una práctica de verdadera pertenencia es mantener nuestra creencia en la inextricable conexión humana. Esa conexión —el espíritu que fluye entre nosotros y cualquier otro ser humano del mundo— no es algo que pueda romperse; sin embargo, nuestra creencia en esa conexión se halla constantemente sometida a prueba y muy a menudo puede flaquear. Cuando se resquebraja esa creencia de que hay algo más grande que nosotros —algo arraigado en el amor y la compasión—, tenemos tendencia a refugiarnos en nuestros búnkeres, a odiar desde lejos, a admitir patrañas, a deshumanizar a los demás y, paradójicamente, a rehuir el territorio salvaje.

Suena contradictorio, pero nuestra creencia en la inextricable conexión humana es una de las grandes fuentes renovables de valentía en territorio salvaje. Soy capaz de defender lo que creo correcto cuando sé que, pese a las reacciones negativas y a las críticas, estoy conectada conmigo misma y con los demás de un modo que no puede quebrarse. Cuando no creemos en una conexión inquebrantable, el aislamiento del territorio salvaje resulta demasiado abrumador y nos refugiamos en nuestras facciones y nuestras cajas de resonancia.

Por difíciles que estén las cosas en el mundo actual, no es solo nuestra cultura polarizada lo que debilita nuestra creencia en la inextricable conexión humana y pone en tensión el compromiso espiritual entre nosotros. También juegan un papel los problemas y exigencias de nuestra vida cotidiana. La gente es maravillosa. Pero también puede ser muy difícil. Mi tira favorita de *Peanuts* es una de Linus gritando: «Yo amo a la humanidad... ¡es gente a la que puedo soportar!».[1] La vida cotidiana puede llegar a ser increíblemente dura, y la gente que nos rodea puede poner al límite nuestros nervios y nuestra capacidad de comportarnos con urbanidad.

Cubrirlo todo de cuero

Me encanta la enseñanza que aporta, sobre este punto, el poema de Pema Chödrön «Lousy World». En él, Chödrön utiliza las lecciones del monje budista Shantideva para crear una poderosa analogía sobre nuestra tendencia a andar siempre cabreados y decepcionados por el mundo. He partido de una grabación en vídeo, así que transcribo y edito sus palabras para convertirlas en un texto legible. Preparaos. Es algo que resulta familiar y, al mismo tiempo, incómodamente cierto.

Chödrön empieza:

Este mundo asqueroso, esta gente asquerosa, este gobierno asqueroso... todo es asqueroso... el tiempo es asqueroso... sí, asqueroso, y bla, bla, bla. Estamos cabreados. Aquí hace demasiado calor. Aquí hace demasiado frío. No me gusta este olor. La persona sentada delante es demasiado alta. Y la que tengo al lado, demasiado gorda. Y esa otra lleva perfume y yo soy alérgica... y bueno... ¡Ag!

Es como caminar descalza por una arena ardiente y cegadora, o sobre cristales rotos, o por un campo lleno de pinchos. Tienes los pies descalzos y piensas: «Esto es demasiado duro. Me duele de verdad, es terrible, demasiado cortante, demasiado doloroso... demasiado caluroso». Pero de repente se te ha ocurrido una gran idea. Allá adonde vayas, lo cubrirás todo de cuero. Así no te dolerán más los pies.

Cubrirlo todo de cuero allá adonde vayas para evitar el dolor viene a ser como decir: «Voy a librarme de ella, voy a librarme de él. Voy a regular la temperatura, voy a prohibir el perfume en el mundo, y entonces ya no habrá nada que me moleste en ninguna parte. Voy a librarme de lo que me molesta —incluidos los mosquitos— en todo el mundo, y entonces seré una persona feliz y satisfecha.

[Pausa]

Sí, ahora nos reímos, pero es lo que hacemos. Así es como vemos las cosas. Pensamos que si pudiéramos librarnos de todo, o cubrirlo de cuero, desaparecería nuestro dolor. Bueno, sí, claro, porque entonces ya no nos dañaría los pies. Es lógico, ¿no? Pero no tiene ningún sentido, en realidad. Shantideva decía: «Si simplemente te envolvieras los pies de cuero...». Dicho de otro modo, si te pusieras zapatos podrías andar sobre las arenas ardientes, los cristales y los pinchos, y no sentirías ninguna molestia. Así que la analogía es: si te trabajas la mente, en vez de intentar cambiarlo todo afuera, se te pasará el mal humor.[2]

Así pues, si amamos a la humanidad como concepto, pero la gente en general nos pone continuamente de los nervios, y no podemos cubrir de cuero todo lo que no nos gusta, ¿qué podemos hacer para cultivar y desarrollar internamente nuestra inextricable conexión humana? La respuesta que surgió de mi investigación me dejó impresionada. *Participemos en momentos de alegría y dolor colectivos para poder ser de verdad testigos de la inextricable conexión humana.* Las mujeres y los hombres con una práctica más intensa del verdadero sentido de pertenencia mantienen su creencia en esa inextricable conexión participando en momentos de dolor y alegría con desconocidos. Por así decirlo, debemos captar ese destello fugaz y guardárnoslo dentro. Tenemos que ver a la gente conectando entre sí y divirtiéndose junta en suficientes instancias como para convencernos de que es algo posible y verdadero para todos.

En mi investigación no estaba familiarizada con la idea de captar esos destellos de conexión humana, pero me divertí más indagando su significado y su aspecto real de lo que me he divertido con casi cualquier otro trabajo a lo largo de mi carrera. Y, a medida que fui comprendiendo cómo se manifiesta esta práctica en la vida real, descubrí que a mí se me da bastante bien, de hecho. Antes de realizar este trabajo, no sabía por qué atribuía tanto valor a esos momentos colectivos. Por qué, por ejemplo, elijo ir a una iglesia donde puedo partir el pan, dar la paz y cantar a coro con personas que no tienen las mismas convicciones que yo, y a las que a menudo tengo ganas de reprender. Por qué lloré la primera vez que llevé a mis hijos a un concierto de U2 y por qué ambos me cogieron de la mano cuando sonaron mis canciones favoritas. O por qué la canción de guerra de la Universidad de Texas me anima siempre a lanzar vítores y a alzar la mano cornuta de «¡Arriba esos cuernos!».* O por qué he enseñado a mis hijos que asistir a los funerales es de vital importancia y que, cuando estás allí, debes participar, tomar parte activa en cada himno, en cada oración, aunque sea en una lengua que no entiendas o en el rito de una fe que no es la tuya.

Siempre había sabido que esos momentos eran importantes para mí. Sabía que estaban relacionados con mi bienestar espiritual y que me permitían preservar mi amor a la humanidad mientras me dedicaba a una investigación que a veces puede ser dura y desoladora. Lo único que no sabía era por qué. Ahora sí lo sé. Vamos a explorar cómo son esas experiencias de alegría y dolor colectivos.

* En referencia a la mascota de la universidad, la vaca de «cuerno largo» o *Texas longhorn*.

Nunca caminarás solo

Hace un par de años cliqué en un tuit de Chris Anderson, el propietario y director del TED,* que decía:

> Cuando el fútbol = religión. Emocionante versión australiana de «Nunca caminarás solo».[3]

El enlace me llevó a un vídeo de YouTube donde aparecían noventa y cinco mil seguidores australianos del Liverpool reunidos en el Melbourne Cricket Ground para ver un partido de fútbol.[4] Vi cómo, durante dos minutos, los aficionados que abarrotaban el estadio se mecían al unísono cantando el famoso himno del club y agitando las bufandas rojas por encima de sus cabezas mientras las lágrimas rodaban por sus mejillas.

Me sorprendió descubrir que yo misma estaba haciendo un esfuerzo para contener las lágrimas. Y, a juzgar por los seis millones de reproducciones del vídeo, podéis estar seguros de que no eran solo los fans del Liverpool, o los aficionados al fútbol, los que se habían sorprendido con los ojos empañados y la carne de gallina. De hecho, el primer comentario en YouTube era de un usuario apodado «Presidente de los fans del Manchester United», y es sabido que el Manchester es uno de los grandes rivales del Liverpool. El comentario decía simplemente: «RESPETO».

---

* Tecnología, Entretenimiento y Diseño es una prestigiosa organización sin fines de lucro, dedicada a las «Ideas dignas de ser difundidas» y que organiza congresos y conferencias.

Más allá del equipo al que apoyemos, el poder de la alegría colectiva puede trascender esa división.

Al día siguiente, Steve y yo nos comprometimos a dedicar más tiempo a los partidos de fútbol (en su versión tejana), la música en vivo y las obras de teatro. En la era de YouTube, ya se me había empezado a olvidar cómo eran esos momentos. Y estar allí en persona es muchísimo más intenso.

Llamando a Baton Rouge

Si tenéis una edad parecida a la mía y os habéis criado en la Texas que yo conozco, seguro que estos dos nombres os provocarán una sonrisa y os traerán una oleada de recuerdos: George Strait y Garth Brooks. Cuando mis hermanas Ashley y Barrett y yo evocamos aquella época —nuestros antiguos novios, nuestros mejores y peores momentos, aquellos tejanos tan ceñidos que tenías que cerrar la cremallera con alicates, y los peinados que llegaban hasta el techo—, la banda sonora la proporcionan sin duda Garth Brooks y George Strait. Cada historia tiene su canción, y cada canción tiene su historia.

El año pasado, Steve, Ashley, Barrett, Frankie (el marido de Barrett) y yo nos reunimos con nuestros queridos amigos Rondal y Miles en San Antonio para asistir a un concierto de Garth Brooks y Trisha Yearwood. La diversión fue doble porque Rondal había trabajado con Garth durante años, así que antes del concierto tuvimos ocasión de estar con Garth y Trisha, que son tan simpáticos y campechanos como os podéis imaginar. El concierto fue increíble: nos sabíamos la letra de cada canción y, además, cualquiera que haya visto a Garth en directo puede contaros que es un tremendo *showman*. El mejor momento para nosotros fue cuando cantó nuestra canción favorita, «Callin' Baton Rouge».[5] No lo sabíamos entonces, pero Rondal nos grabó en vídeo durante todo el concierto. Aún me pongo a llorar cuando lo veo.

Tres o cuatro meses más tarde, estaba en el coche con mis hermanas y mis sobrinas cuando me volví hacia Barrett y dije:

—¡Vamos a escuchar «Baton Rouge»!

Ella se echó a reír.

—«Baton Rouge» es lo más.

Mis hermanas y yo confesamos que habíamos estado escuchando esa canción en bucle desde el día del concierto. Ya antes de que se celebrara, las tres teníamos el CD que incluía la canción, pero solo después de aquel momento de alegría y conexión empezamos a escucharla tres veces al día: todos los días. ¿Qué sucedía, en realidad? Que la canción nos retrotraía a un momento memorable. Si miras el vídeo de Rondal, ves que es un momento que solo puede calificarse de puro amor: amor a la música, amor a nuestra historia juntas, amor entre nosotras. Las tres aparecemos abrazadas y cogidas de las manos, aullando la letra a pleno pulmón:

Operator, won't you put me on through
I gotta send my love down to Baton Rouge.

¡Varitas arriba!

No es ningún secreto que soy una fan de Harry Potter. Mi hija, Ellen, creció con esos libros, y siempre estamos entre las primeras de la cola cuando lanzan un nuevo título o una película. En 2009 asistimos al estreno de *Harry Potter y el príncipe mestizo*.[6] Había un montón de bufandas de Gryffindor, de cicatrices pintadas en la frente con delineador y de camisetas que decían: MANTÉN LA CALMA Y LLEVA UNA VARITA MÁGICA.

Desgraciadamente, hacia el final de la película matan a nuestro sabio y leal Dumbledore. Hay una escena en la que Harry se inclina sobre su cuerpo, sollozando. Dumbledore era el director de la escuela Hogwarts y constituía para Harry una figura paterna, un mentor y un protector. Aun cuando no hayas leído los libros ni visto las otras películas, reconoces la escena: el joven protagonista pierde a alguien que era como un padre para él. Es un episodio central en la trama de muchas grandes historias y una parte esencial de lo que Joseph Campbell llamaba «el Viaje del Héroe».[7]

Mientras una multitud de alumnos y profesores se agolpa en torno al cuerpo de Dumbledore y Harry posa una mano sobre su pecho, todavía llorando, aparece en el cielo oscuro un rostro maligno. Es la cara de Voldemort, el responsable de su muerte. Entonces, la gran amiga y compañera de Dumbledore, la profesora McGonagall, brillantemente interpretada por Maggie Smith, coge su varita y la levanta hacia el cielo. De la punta de la varita sale un fogonazo de luz. Uno a uno, los alumnos y los profesores levantan sus varitas para crear una constelación de luz que se impone sobre el cielo oscuro y amenazador.

En ese momento, en un cine de Houston, a una distancia sideral de la Escuela Hogwarts de Magia y Hechicería, miré alrededor y vi a doscientos desconocidos, la mayoría con lágrimas en los ojos, alzando las manos en el aire y apuntando sus varitas imaginarias hacia el cielo. ¿Por qué? Porque creemos en la luz. Sí, sabemos que Harry no es real, pero también sabemos que la luz colectiva sí es real. Y poderosa. Y frente al odio, el fanatismo y la crueldad, y todo lo que representaba ese cielo oscuro, nos sentimos mucho más fuertes todos juntos.

La gente de la FM 1960

Recuerdo muy bien dónde estaba el 28 de enero de 1986. Estaba en Houston, conduciendo por la FM 1960, una autovía de cuatro carriles situada cerca del suburbio de Klein, donde vivía cuando estudiaba la secundaria. Al atravesar una intersección, vi que los coches se detenían bruscamente en la cuneta. Algunos, de hecho, pararon justo en medio de su carril. Mi primer pensamiento fue que debía de venir un coche de bomberos o una ambulancia por detrás de nosotros. Reduje la velocidad, pero aunque miré una y otra vez —por el retrovisor, por el espejo lateral, estirando el cuello para atisbar hacia atrás— no vi las luces de ningún vehículo de emergencias.

Al pasar lentamente junto a un camión parado en la cuneta, eché un vistazo a la cabina y vi a un hombre inclinado sobre el volante y que se tapaba la cara con las manos. Inmediatamente pensé: «Estamos en guerra». Paré delante de él y encendí la radio justo a tiempo para oír la noticia: «El transbordador espacial *Challenger* ha vuelto a explotar».

No. No. No. Empecé a llorar. Vi a más gente parando. Algunos incluso se bajaban de los coches. Era como si, en su desesperación, todos quisieran compartir la tragedia con otras personas: no tener que asimilarla solos.

Para nosotros, en Houston, la NASA no solo constituye una referencia de la exploración espacial: es donde trabajan nuestros amigos y nuestros vecinos. Son de los nuestros. Christa McAuliffe iba a ser la primera profesora que subía al espacio. Los profesores de todas partes son de los nuestros.

Tras cinco o diez minutos, la gente se puso otra vez en marcha. Pero ahora, a medida que se reincorporaban a la circulación, iban con los faros encendidos. Nadie había dicho en la radio: «Enciendan los faros si están conduciendo». De algún modo, sabíamos instintivamente que todos formábamos parte de aquella procesión de dolor. Yo no conocía a esas personas ni tan siquiera hablé con ellas, pero si me preguntáis dónde estaba cuando se produjo el desastre del *Challenger*, os diré: «Estaba con mi gente, la gente de la FM 1960, cuando ocurrió la tragedia».

Elegimos el amor

Nuestros hijos iban a primero de primaria. Los hijos de muchas de aquellas personas iban a primero de primaria. El dolor, el horror y el miedo eran inconmensurables. Nos reunimos sin otro objetivo que estar juntos. No lo hicimos para entender lo que había ocurrido en aquel colegio tan alejado del nuestro, porque nunca íbamos a querer entenderlo. Permanecimos sentados llorando en silencio: un pequeño grupo formado por madres del barrio, algunos amigos y algunos desconocidos: todos movidos por el deseo de estar juntos. Fue el 15 de diciembre de 2012, un día después de que Adam Lanza, de veinte años, matara a tiros a veinte niños de entre seis y siete años, así como a seis empleados adultos, en la escuela de primaria Sandy Hook de Newtown, Connecticut.

Recuerdo que pensé: «Tal vez si todas las madres del mundo nos arrastráramos a gatas, como haciendo penitencia, hacia esos padres de Newtown, podríamos quitarles una parte de su dolor. Diseminaríamos su dolor por todos nuestros corazones. Yo lo haría. ¿No podemos encontrar un modo de sostener una parte por ellos? Yo cargaría con la mía. Aunque ello añada tristeza a todos los días de mi vida».

Mis amigos y yo no nos apresuramos aquel día a iniciar una recolecta. No irrumpimos en el despacho del director del colegio de nuestros hijos para exigir más medidas de seguridad. No llamamos a los políticos ni colgamos mensajes en Facebook. Todas esas cosas las haríamos en los días siguientes. Pero justo al día siguiente de la masacre, permanecimos juntos sin que nada —salvo algún sollozo ocasional— rompiera el silencio. Volcarnos en nuestro dolor y temor compartidos nos reconfortó.

Quedarnos solos en medio de un trauma ampliamente difundido, pasarnos horas interminables viendo los informativos o leyendo los innumerables artículos de internet, esa es la forma más segura de que la angustia y el miedo se cuelen de puntillas en nuestro corazón y planten las raíces del estrés traumático secundario. Aquel día, justo después de la matanza, yo preferí llorar en compañía de mis amigos; y luego me fui a la iglesia a llorar con desconocidos.

No habría podido saber entonces que en 2017 intervendría con una charla en una recolecta de fondos para el Centro de Resiliencia de Newtown y pasaría un tiempo con un grupo de padres cuyos hijos habían muerto en la tragedia de Sandy Hook. Lo que he descubierto a través de mi trabajo y lo que escuché esa noche en Newtown me deja una cosa clara: muchos de nosotros no sabemos compartir el dolor con los demás. Peor: nuestra incomodidad se transmite de formas diversas que pueden herir a la gente y reforzar su aislamiento. Yo he empezado a creer que juntarse con desconocidos para llorar es algo que podría salvar al mundo.

Actualmente hay un cartel que te da la bienvenida a Newtown: SOMOS SANDY HOOK. ELEGIMOS EL AMOR. Aquel día, cuando me senté a llorar con otras madres del barrio, no sabía bien lo que hacíamos ni por qué. Ahora estoy segura de que estábamos escogiendo el amor a nuestra modesta manera.

Conexión inextricable

Todos estos ejemplos de alegría y dolor colectivos constituyen experiencias sagradas. Son tan profundamente humanas que atraviesan toda diferencia que tengamos y acceden a nuestra naturaleza innata. Estas experiencias nos enseñan lo que es cierto y posible sobre el espíritu humano. Necesitamos estos momentos con desconocidos a modo de recordatorio: por mucho que nos desagrade alguien en Facebook e incluso en persona, estamos inextricablemente conectados. Y no tiene por qué tratarse de un gran momento con millares de desconocidos. Es posible que una conversación con un compañero de fila en un vuelo de dos horas sirva para recordarnos esa inextricable conexión.

El problema es que no participamos en suficientes experiencias de este tipo. Es indudable que las necesitamos. Pero involucrarse en esos momentos de alegría y dolor compartido supone exponer nuestra vulnerabilidad. Por eso tenemos tendencia a acorazarnos. Metemos las manos en los bolsillos durante el concierto, ponemos los ojos en blanco en la pista de baile o nos refugiamos en nuestros auriculares en un tren, en lugar de ponernos a charlar con alguien.

Necesitamos captar esos destellos humanos momentáneos y dar gracias por ellos. Y la razón es bien sencilla: salid al terreno de juego en Melbourne y pedidle al público que deje de corear el himno del Liverpool y empiece a hablar del Brexit; veréis la que se arma. O bien encended las luces del cine y pedid a los fans de Harry Potter y a sus padres que se pongan a discutir sobre los pros y los contras de las escuelas públicas, las escuelas privadas y la enseñanza en el hogar: hasta Voldemort, en comparación, os parecerá simpático.

Si reunierais a los hombres y mujeres de la FM 1960

fuera del contexto de la tragedia del *Challenger* y les preguntarais si el Gobierno debería invertir más dinero en defensa, en programas sociales o en la exploración del espacio, ¿creéis que veríais muchos abrazos al azar y muchas palmaditas espontáneas en la espalda? Convertid el concierto de Garth Brooks en un mitin político y lo más probable es que veáis cómo se transforman las canciones en un concurso de gritos. Todas estas situaciones no harán más que alimentar la desconexión y reforzar el prejuicio de que no tenemos nada en común.

Por el contario, cuanto más dispuestos estamos a buscar momentos de alegría colectiva y a participar en experiencias de dolor colectivo —de verdad, en persona, no online— más difícil nos resulta negar nuestra conexión humana, incluso con personas con las que quizá no estamos de acuerdo. Los momentos de emoción colectiva no solo nos recuerdan lo que puede darse entre la gente: también nos recuerdan lo que es cierto sobre el espíritu humano.

Estamos programados para la conexión. Pero lo esencial es que, cuando se presenta la ocasión, esta debe ser real.

El sentimiento de lo sagrado

El sociólogo francés Émile Durkheim introdujo la expresión «efervescencia colectiva» en su libro de 1912 *Las formas elementales de la vida religiosa*.[8] Durkheim estaba investigando lo que describió originalmente como un tipo de magia que había presenciado en las ceremonias religiosas. Según explicaba, esa efervescencia colectiva es una experiencia de conexión, de emoción comunal, e implica un «sentimiento de lo sagrado» que se produce cuando formamos parte de algo más grande que nosotros mismos. Durkheim sostenía también que durante estas experiencias de efervescencia colectiva nuestro foco de atención se desplaza del yo al grupo.

Los investigadores Shira Gabriel, Jennifer Valenti, Kristin Naragon-Gainey y Ariana Young desarrollaron y verificaron recientemente un instrumento para medir cómo nos afectan las experiencias de «agrupación colectiva» (el término que utilizan para describirlas).[9] Lo que descubrieron es que estas experiencias contribuyen a generar una vida caracterizada por «una sensación de sentido, un afecto más positivo, una mayor sensación de conexión social y un menor sentimiento de soledad: componentes esenciales de una vida sana y feliz».[10]

En su artículo de 2017, escriben: «Estos resultados son congruentes con la idea de que la agrupación colectiva es algo más que una serie de personas que se reúnen para distraerse viendo un partido, un concierto o una obra de teatro: es una oportunidad para sentirse conectado con algo más grande que uno mismo; es una oportunidad para experimentar alegría, conexión social, sentido y paz.[11] La agrupación colectiva ha formado parte desde hace mucho de la experiencia humana, y la investigación actual empieza a cuantificar sus importantes beneficios psicológicos». Y, según parece, tiene un efecto duradero; es decir, conservamos el sentimiento de conexión social y de bienestar una vez transcurrido ese evento colectivo.

Me encantó saber que la investigadora que dirigió el estudio, Shira Gabriel, había descubierto la efervescencia colectiva en sus años de universidad a través de sus propias experiencias como seguidora del grupo Phish. Mi hermano menor es un fan de los Grateful Dead que también seguía a los Phish, así que conecté de lleno con su historia. Gabriel y su equipo han estudiado por qué los disfraces, las peregrinaciones y los días festivos jugaban un papel tan importante en las culturas religiosas primitivas, y por qué todavía hoy nos sigue gustando tanto reunirnos en manifestaciones, encuentros deportivos y conciertos. Queremos más sentido y un nivel mayor de conexión en nuestras vidas.

En las entrevistas con los participantes de nuestra investigación, la música se reveló como uno de los aglutinadores más poderosos de la alegría y el dolor colectivos. Con frecuencia es un elemento central en las reuniones espirituales, celebraciones, funerales y movimientos de protesta. Desde 2012, cuando me tocó dirigirme a un público de miles de personas, en la World Domination Summit de Portland, para corear una canción de Journey, nunca me ha cabido la menor duda de que la música es la forma más poderosa de alegría colectiva. Aún recibo emails de gente que estaba allí aquel día. Uno de los más recientes reflejaba los sentimientos compartidos por la mayoría de personas que contactaron conmigo más tarde: «He tratado de explicar lo que fue estar allí ese día, pero es imposible poner la experiencia en palabras. Fue algo mágico».

Un ministerio de la presencia

Solo la santidad hará que la gente escuche
ahora. Y el trabajo de la santidad no tiene
que ver con la perfección o la bondad; tiene que ver con el sentido de pertenencia,
con ese sentimiento de encontrarse en la
Presencia y, a través de ese sentimiento, con
el dulce magnetismo de implicar a otros
en la Presencia... No se trata de forjar una
relación con un Dios distante, sino de la
constatación de que ya estamos con Dios.[12]

JOHN O'DONOHUE

Recientemente me encontré en la sala anexa de la iglesia
de un pueblo de Texas, en el funeral del padre de mi buena
amiga Laura. En aquella sala no había pianos ni miembros
del coro, solo unos centenares de personas en sillas plega-
bles siguiendo, a través de una pantalla de ordenador y un
proyector, los elogios fúnebres pronunciados en la iglesia
principal. Cuando nos pidieron que nos pusiéramos en pie
y cantáramos «How Great Thou Art», uno de los himnos
favoritos del difunto (y también mío), yo no estaba segura
de que doscientos desconocidos fueran a ser capaces de
cantar el viejo himno a capela, sin ningún acompañamien-
to. Pero lo hicimos, y fue una experiencia de santidad con-
movedora.[13]

El padre de Laura era uno de esos grandes personajes
de pueblo que se llevaba bien con absolutamente todo el

mundo. Lo único que pensé en ese momento fue: «Le habrían encantando nuestras voces embarulladas y nuestro corazón henchido de música». El neurólogo Oliver Sacks escribe: «La música, de un modo único entre todas las artes, es al mismo tiempo totalmente abstracta y profundamente emotiva... La música puede llegar al corazón directamente, sin ninguna mediación...».[14]

Los funerales, de hecho, están entre los ejemplos más potentes de dolor colectivo. Forman una parte destacada de un sorprendente hallazgo de mi investigación sobre la confianza. Cuando pedí a los participantes que señalaran entre tres y cinco actos concretos de sus amigos, familiares y colegas que contribuyeran a aumentar la confianza que sentían en ellos, la asistencia a los funerales aparecía siempre entre las tres primeras respuestas. Los funerales son importantes. Asistir es importante. Y no solo son importantes para los dolientes, sino también para todos los que están allí. El dolor colectivo (y a veces la alegría) que experimentamos al reunirnos, del modo que sea, para conmemorar el fin de una vida constituye quizá una de las experiencias más poderosas de nuestra inextricable conexión. La muerte, la pérdida y el dolor son grandes ecualizadores.

Mi tía Betty murió mientras yo estaba escribiendo este libro. Cuando pienso en ella pienso en risas, en acampadas, en baños en el río Nueces, en las visitas a su rancho en Hondo, Texas, y en nuestro tácito acuerdo de no hablar nunca de política. También me acuerdo de cuando yo tenía unos siete años y le rogué que me dejara entrar en la «sala de juegos» donde los padres, los abuelos y los primos mayores gritaban, fumaban, reían y soltaban maldiciones mientras jugaban al Rook (el juego de cartas favorito en nuestra familia). Yo estaba confinada en el «cuarto de los niños», lo cual era aburridísimo. Ella me cogió de las mejillas y me dijo: «No te puedo dejar entrar. Y además, créeme, es mejor que no veas lo que pasa ahí dentro. No es nada bonito».

Siguiendo los deseos de Betty, en lugar de celebrar un funeral, organizamos una barbacoa familiar en el jardín trasero de mi primo Danny. Ella solo quería que nos lo pasáramos bien todos juntos. Danny dirigió la oración y luego todos contamos historias divertidas y Nathan tocó la guitarra mientras Diana cantaba el «Ave María». La temperatura era de 32 grados en la región de Texas Hill Country y apenas oías las voces y la música por encima del estridente canto de las cigarras. Yo no dejaba de pensar: «Esto es exactamente lo que significa ser humano».

Esa humanidad trasciende todas las diferencias que nos separan. En el precioso libro de Sheryl Sandberg y Adam Grant sobre el dolor y el coraje, *Opción B*, de 2017, Sandberg cuenta una desgarradora y sentida historia sobre el dolor colectivo. Su marido, David, murió repentinamente mientras estaban de vacaciones. Sus hijos cursaban entonces segundo y cuarto de primaria. «Cuando llegamos al cementerio», escribe, «mis hijos se bajaron del coche y se tiraron al suelo, incapaces de dar otro paso. Yo me tendí sobre la hierba y los abracé mientras lloraban. Sus primos vinieron y se tumbaron con nosotros, todos ellos apretujados en un gran montón sollozante, rodeados de brazos adultos que intentaban consolarlos en vano».[15]

Sandberg les dijo a los niños: «Este es el segundo peor

momento de nuestras vidas. Hemos superado el primero y este también lo superaremos. A partir de ahora las cosas solo pueden mejorar». Entonces empezó a cantar una canción que conocía desde niña, «Oseh Shalom», una oración por la paz. «No recuerdo por qué decidí cantar ni cómo escogí esa canción», escribe. «Más adelante descubrí que es la última línea del Kadish, la oración judía por los muertos, lo que tal vez explica por qué me salió en aquel momento. Todos los adultos se sumaron al canto enseguida, y luego los niños también, y los llantos se interrumpieron.»

Estar dispuestos a vivir una experiencia de dolor colectivo no nos libra del dolor o de la pena; es poner en práctica un ministerio de la presencia. Estos momentos nos recuerdan que no estamos solos en nuestra oscuridad y que nuestro corazón destrozado se halla conectado con todos los corazones que han conocido el dolor desde el principio de los tiempos.

La intimidad del enemigo común

Recuerdo que me salió una ronca risotada la primera vez que vi en el sofá de mi amiga un cojín con un rótulo que decía: «SI NO TIENES NADA AGRADABLE QUE DECIR, SIÉNTATE A MI LADO».[16] Permitidme que me quite unos instantes el uniforme de investigadora-que-pretende-ser-buena-persona y que plantee un par de preguntas sinceras. ¿Existe una forma más rápida y sencilla de congeniar con un extraño que ponerse a echar pestes de un conocido de ambos? ¿Hay algo mejor que la sensación de sentarse con alguien y ponerse a cotillear en plan sarcástico y criticón? Por supuesto, en ambos casos luego me queda una sensación de mierda. Pero seamos sinceros sobre lo maravillosamente que te sientes en el momento mismo, justo mientras lo estás haciendo. Es una forma tentadora, fiable y superfácil de conectar con casi todo el mundo. Y, por el amor de Dios, puede llegar a ser divertidísimo.

Pero veamos la otra cara de ese cojín. La conexión que forjamos al juzgar y burlarnos de otros no constituye una conexión real, como en los ejemplos que he expuesto antes. Y en cambio, por desgracia, el dolor que causa sí es un dolor real. Una conexión creada a base de comentarios mordaces tiene tanto valor como la mordacidad misma: *nada*.

Cuando estaba haciendo entrevistas para mi investigación sobre la vergüenza, muchos de los participantes hablaban del dolor de oír por causalidad a la gente hablando de ellos, o de la vergüenza de enterarse de que eran objeto de cotilleos. Era algo tan desgarrador que empecé a aplicar una política de cero cotilleos. Al principio estaba muy sola, maldita sea. Pero también resultó dolorosamente educativo. En cuestión de semanas me di cuenta de que, en muchas de mis relaciones, lo que yo consideraba una verdadera amistad se basaba completamente en hablar de otras personas. Y, una vez suprimida esa parte, no teníamos nada en común, nada de qué hablar.

Si ampliamos el foco y pasamos de nuestra vida personal al ámbito de la cultura política e ideológica en el que vivimos hoy en día, yo diría que la gente con la que nos sentamos sobre esos cojines de mordacidad y sarcasmo no suele ser gente con la que nos sentimos inextricablemente conectados o con la que compartimos un profundo sentimiento de comunidad. Lo que pasa, simplemente, es hemos empezado a relacionarnos con gente que odia a las mismas personas que nosotros. Eso, lejos de constituir una conexión, corresponde al esquema de «o con nosotros o contra nosotros». Es la intimidad del enemigo común. *Casi no te conozco, y tampoco estoy comprometido en nuestra relación, pero me gusta que odiemos a la misma gente y que sintamos desprecio por las mismas ideas.*

La intimidad del enemigo común es una falsa conexión y lo contrario del verdadero sentido de pertenencia. Si el vínculo que compartimos con otras personas es simplemente el odio que sentimos hacia la misma gente, la intimidad que experimentamos con frecuencia puede ser intensa e inmediatamente gratificante, una vía fácil para descargar indignación y dolor. Pero no constituye el combustible de una verdadera conexión. Es más bien un combustible que arde con fuerza y rapidez y deja un rastro de emoción contaminada. Y si vivimos con un mínimo nivel de autoconciencia, es el tipo de intimidad que nos deja con los intensos remordimientos de una resaca moral. *¿De veras he participado en ese tipo de intimidad? ¿Acaso avanzamos así? ¿Me estoy entregando exactamente al mismo tipo de conducta que encuentro execrable en los demás?*

Soy consciente de que vivimos tiempos llenos de incertidumbre y amenazas. Con frecuencia me dan ganas de refugiarme en la seguridad de un grupo. Pero eso no funciona. Aunque nos encontremos todos reunidos en los mismos búnkeres políticos e ideológicos, seguimos estando solos ahí dentro. Y, lo que es peor, nos pasamos el tiempo vigilándonos a nosotros mismos. La amenaza latente de sufrir represalias si emitimos una opinión o una idea que ponga en cuestión a nuestros compañeros de búnker nos mantiene en un estado de constante ansiedad. Cuando todo lo que nos une es aquello en lo que creemos, y no lo que somos, cambiar de opinión o cuestionar la ideología colectiva puede resultar arriesgado.

Cuando un grupo o una comunidad no toleran el desacuerdo o la discrepancia, renuncia a toda experiencia de conexión inextricable. No hay verdadero sentido de pertenencia: solo el pacto tácito de odiar a la misma gente. Lo cual alimenta nuestra crisis espiritual de desconexión.

Así pues, por profundamente que nos afecten las experiencias colectivas, está claro que no todas ellas son de la misma naturaleza. Cuando un grupo se forma en detrimento de otros —por ejemplo, para menospreciar o denigrar a otras personas o grupos de personas—, este no sirve para curar la crisis espiritual de desconexión. Todo lo contrario, de hecho; tiende a alimentarla. No es auténtica alegría colectiva si se produce a expensas de otros, y no es verdadero dolor colectivo si, a su vez, causa dolor a otros. Cuando los fanáticos del fútbol corean insultos racistas contra los jugadores o cuando la gente se reúne llena de odio por cualquier motivo, la práctica del verdadero sentido de pertenencia y de la inextricable conexión queda inmediatamente invalidada y arruinada.

Cuando pregunté a los participantes de la investigación por las marchas y concentraciones de protesta como experiencias de alegría y/o dolor colectivos, las respuestas fueron las mismas que cuando pregunté acerca de las ceremonias religiosas: «Depende de la experiencia». A medida que indagué para entender mejor por qué algunas servían y otras no, volvieron a surgir las líneas divisorias que se dibujan en torno a la intimidad de un enemigo común: la deshumanización y la cosificación niegan la alegría y el dolor colectivos. Una mujer de cuarenta y tantos explicó: «Yo puedo ir a la iglesia y tener una experiencia absolutamente maravillosa de conexión espiritual. Me siento parte de algo que trasciende la diferencia. También puedo ir a la iglesia y salir furiosa si el sacerdote usa la homilía como plataforma para hablar de política y respaldar a un candidato. Lo cual se está volviendo cada vez más común. Llegará un momento que no valdrá la pena volver a la iglesia».

Mi hija y yo participamos en 2017 en la Marcha de Mujeres de Washington. Para mí, algunos momentos fueron de alegría y dolor auténtico; otros, en cambio, quedaban fuera de ese tipo de experiencia. Por un desafortunado viaje en Uber, nos vimos atrapadas en algunos de los absurdos y alarmantes destrozos que se produjeron en torno a la marcha y en las consiguientes cargas de la policía antidisturbios. Lo cual dio lugar inmediatamente a que dos jóvenes con sombreros de Trump gritaran: «¡Que os jodan, izquierdosas!» a un grupo de jóvenes que simplemente estaban caminando por la calle con sus camisetas feministas.

En aquel recorrido de una sola manzana hallamos pruebas tangibles de que los extremistas de ambos bandos del espectro político tienen más rasgos en común entre sí que con la mayoría de los integrantes de sus grupos. Unos y otros aprovechan cualquier ocasión para desahogar sus sentimientos —negados, pero supurantes— de miedo y dolor, de insignificancia e impotencia. Esas emociones no deben negarse; y cuando las volcamos sobre los demás pueden resultar peligrosas.

La mayoría de los oradores de la marcha generaron momentos de unidad, pero algunos explotaron la emoción general con recursos muy similares a los de la gente contra la que nos estábamos manifestando, con comentarios deshumanizadores incluidos. Lo que me pareció interesante fue que casi podías percibir como se desplazaba la energía desde la multitud hacia el orador en los momentos que nos llevaban de «¡Esto es lo que podemos hacer!» o «¡Esto es lo que pensamos!» a «¡Estas son las cosas o las personas que odiamos!». La energía pasaba entonces del poder de la gente al lucimiento del orador.

La agrupación colectiva satisface el anhelo humano primitivo de una experiencia social compartida. Debemos estar atentos, sin embargo, a las ocasiones en que esos anhelos son explotados y manipulados con propósitos distintos del de alcanzar una auténtica conexión. Una forma de agrupación colectiva puede empezar a curar las heridas de una comunidad traumatizada; otra forma puede provocar el trauma en esa misma comunidad. Cuando nos unimos todos para compartir la alegría, la esperanza y el dolor auténticos, disolvemos ese cinismo generalizado que con frecuencia camufla nuestra mejor naturaleza. Cuando nos unimos bajo la falsa bandera de la intimidad generada por tener un enemigo común, fomentamos el cinismo y vemos mermada nuestra dignidad colectiva.

Redes sociales

En nuestros esfuerzos para crear más ocasiones de alegría y dolor compartidos, ¿pueden jugar las redes sociales un papel positivo, o solo son ya un reducto reservado al odio y a las fotografías de mascotas? ¿Pueden las redes sociales ayudarnos a desarrollar relaciones reales y un verdadero sentido de pertenencia, o más bien se erigen siempre en un obstáculo? Estas son preguntas con las que todos nos debatimos actualmente.

Hay días en los que me encantan las redes sociales en todos sus aspectos, desde la rápida y poderosa justicia que pueden aportar hasta la interminable serie de imágenes de cupcakes decoradas para parecer suculentas. Otros días, en cambio, estoy convencida de que Facebook, Twitter e Instagram existen exclusivamente para cabrearme, herir mis sentimientos, recordarme mis defectos y brindar una plataforma a gente peligrosa.

He llegado a la conclusión de que nuestra forma de involucrarnos en las redes sociales es como el fuego: puedes usarlo para calentarte y alimentarte, o puedes acabar incendiando el granero. Todo depende de tus intenciones, de tus expectativas y de tu capacidad para percibir la realidad.

Al empezar a indagar sobre este tema con los participantes de la investigación, observé muy pocas dudas. Quedaba claro que la conexión cara a cara es obligada en nuestra práctica del verdadero sentido de pertenencia. Y la importancia otorgada al contacto cara a cara no se limita a los participantes de mi investigación; otros estudios llevados a cabo en todo el mundo confirman estas mismas conclusiones. Las redes sociales son útiles para cultivar la conexión únicamente en la medida en la que se empleen para crear una comunidad real con estructura, propósito, sentido y algún contacto cara a cara.

Una de las investigadoras más respetadas en esta área es Susan Pinker. En su libro *The Village Effect: How Face-to-Face Contact Can Make Us Healthier and Happier*, Pinker escribe: «En un breve período evolutivo, hemos dejado de ser primates gregarios avezados en interpretar nuestros respectivos gestos e intenciones para convertirnos en una especie solitaria, en la que cada uno está absorto en su propia pantalla».[17] Basándose en estudios de distintos campos, Pinker llega a la conclusión de que no hay nada que pueda suplir las relaciones personales directas. Está demostrado que esas relaciones estimulan nuestro sistema inmunitario, generan hormonas positivas en la sangre y en el cerebro y contribuyen a que vivamos más tiempo. Pinker añade: «A esta construcción yo la llamo "tu aldea", y desarrollarla es una cuestión de vida o muerte».[18]

Cuando dice «de vida o muerte», no bromea. Porque resulta que todo lo que ha descubierto complementa lo que hemos leído acerca de la soledad: la interacción social hace que tengamos una vida más larga y más sana. Con mucha diferencia. Pinker escribe: «De hecho, descuidar el contacto estrecho con la gente que es importante para ti resulta al menos tan peligroso para tu salud como el hábito de fumar un paquete al día, la hipertensión o la obesidad».

La buena noticia es que ese contacto no tiene por qué

ser una interacción estrecha y prolongada, aunque eso tampoco venga mal. Ya solo el hecho de mirarse a los ojos, estrecharse la mano o chocar esos cinco disminuye tu nivel de cortisona y aumenta la liberación de dopamina, lo cual reduce tu estrés y te proporciona un estímulo químico. Pinker escribe: «La investigación muestra que jugar a cartas una vez a la semana, o quedar todos los miércoles por la noche en Starbucks con unos amigos, añade tantos años a nuestra vida como tomar betabloqueantes o dejar el hábito de fumar un paquete diario».[19]

Las redes sociales son fantásticas para la generación de comunidades, pero para practicar un verdadero sentido de pertenencia, una conexión real y una empatía de verdad es necesario reunirse con gente real en un espacio y un tiempo real. Tengo un ejemplo de esto sacado de mi propia vida.

Facebook y mi primer amor de verdad

¿Os acordáis de Eleanor, mi amiga de la época que mi familia pasó en Nueva Orleans? Como he contado en el primer capítulo, era mi mejor amiga, mi amiga del alma. Nos habíamos conocido a los cinco años. Las primeras mejores amigas son, en realidad, los primeros amores de verdad. Ella era mía y yo era suya. Durante años fuimos inseparables. Cada día, al ir y volver del colegio, cruzábamos en bicicleta el campus de la Universidad de Tulane y a veces parábamos a comprar un helado o nos colábamos en Der Rathskeller, en el sindicato de estudiantes, y nos tomábamos un refresco.

Teníamos una coreografía entera, moviendo los labios y todo, para la canción «Band on the Run» de Paul McCartney y los Wings.[20] Hacíamos el payaso durante la misa y nos enorgullecíamos de que nunca nos pillaran. Un día nos colamos en la parte trasera del Newman Center, donde solíamos ir a misa en una «iglesia hippy», como la llamábamos cariñosamente, y nos comimos un puñado de obleas de la comunión. Estábamos convencidas de que iríamos directas al infierno, pero por lo menos estaríamos juntas. Ambas procedíamos de familias numerosas, así que nos encantaba escabullirnos del alboroto saliendo en bici a hacer travesuras.

Como ya he contado, cuando yo hacía cuarto de primaria mi padre fue trasladado de Nueva Orleans a Houston. Eleanor y yo estábamos destrozadas. Hicimos un pacto para pensar en positivo y visitarnos cuando pudiéramos. Antes de hacer la mudanza, mis padres nos sacaron del colegio durante una semana a los cuatro hermanos y nos dejaron con mi abuela en San Antonio, mientras ellos buscaban casa en Houston. Yo tenía nueve años; Jason, cinco, y las gemelas, uno.

Solo llevábamos un día en casa de mi abuela cuando ambas gemelas pillaron un virus estomacal. Luego me puse enferma yo. Y luego mi hermano. Cuando mis padres llamaron desde Houston, la abuela les dijo que no se preocuparan e insistió en que podía arreglárselas sola. Después de dos días, de cinco viajes a la lavandería y de cuatro litros de sopa de pollo, todo el mundo había mejorado. Salvo yo. Yo había empeorado. Al final, me puse tan mal que mi abuela les dijo a mis padres que volvieran.

A las veinticuatro horas, me operaron de urgencias por una apendicitis con ruptura y gangrena. Mi abuela no tenía forma de saberlo; era simplemente una tormenta perfecta con síntomas casi idénticos. Los problemas se multiplicaron enseguida. No quedó muy claro si el cirujano al que habían llamado para la operación de urgencia estaba del todo sobrio, pero el caso es que enseguida se produjeron complicaciones postoperatorias. Al final mis padres, «contra el consejo de los médicos», me sacaron en mitad de la noche y me llevaron a otro hospital, donde pasé dos semanas recuperándome. Entonces mis padres me dejaron en Texas con mi abuela, mientras ellos iban a sacarlo todo de la casa de Nueva Orleans.

No volví a ver a Eleanor.

A principios de 2009, sin embargo, la encontré en Facebook. Le envié un mensaje y, en cuestión de minutos, volvimos a conectar (¡gracias, Facebook!). Desde entonces nuestras familias se han reunido a menudo; yo he mantenido una relación estrecha con sus hijos y ella con los míos, y nuestros maridos son amigos. Ha sido realmente una de las alegrías más inesperadas de mi vida. La primera vez que nos reunimos pasamos horas poniéndonos al día de todo, desde el dolor y la pérdida que habíamos superado con los años hasta nuestros momentos de más intensa felicidad. Fue una conversación que jamás se habría podido desarrollar online. Hacía falta un sofá en mitad de la noche, té bien cargado y pijamas.

Lo que quiero decir es que la verdadera alegría no se produjo al reconectar en Facebook; se produjo, y todavía se produce, en nuestros largos paseos, en los torneos familiares de pimpón y de las cuatro esquinas, o mirando películas juntas. Facebook fue el catalizador. La conexión fue *face-to-face* (cara a cara).

El valor y lo colectivo

Una de las cosas que me encanta hacer cuando doy clases sobre el concepto de vulnerabilidad es mostrar a los alumnos vídeos de *flashmobs** y de otros momentos de alegría colectiva. Lo que observaréis en todos esos vídeos es que los colegiales se entregan a esas experiencias incondicionalmente, sin la menor vacilación. ¿Y los adultos? Algunos sí; otros no tanto. ¿Los preadolescentes y los adolescentes? Raramente. Es más probable que parezcan mortificados. Tanto la alegría como el dolor sentidos en soledad son experiencias vulnerables; y más aún en compañía de desconocidos.

El fundamento del valor es la vulnerabilidad: la capacidad para asumir la incertidumbre, el riesgo y la exposición emocional. Hace falta valor para abrirse a la alegría. De hecho, como ya he escrito en otros libros, yo creo que la alegría es seguramente la emoción más vulnerable que experimentamos. Tememos que, si nos permitimos sentirla, sobrevendrá el desastre o la decepción. De ahí que, en los momentos de auténtica alegría, muchos vislumbremos la

---

* «Multitudes relámpago» o «quedadas»: reuniones efímeras convocadas a través de internet o de los teléfonos móviles con fines lúdicos, aunque también pueden ser políticos.

tragedia. Vemos salir a nuestro hijo hacia el baile de fin de curso y lo único que nos viene a la cabeza es «accidente de coche». Estamos ilusionados con las vacaciones inminentes y empezamos a pensar: «huracán». Es decir, intentamos ganar por la mano a la vulnerabilidad imaginándonos lo peor, o no sintiendo nada para no llamar al mal tiempo. A esto yo lo llamo «alegría de mal agüero».

Esa alegría de mal agüero solo se puede combatir de un modo: con gratitud. Los hombres y mujeres que más plenamente han podido entregarse a la alegría eran aquellos que practicaban la gratitud. En esos momentos vulnerables de alegría individual o colectiva, necesitamos practicar la gratitud.

El dolor es una experiencia vulnerable. Hace falta auténtico valor para permitirnos sentir dolor. Cuando estamos sufriendo, a muchos se nos da mejor causar dolor que sentirlo. Propagamos el dolor, en vez de quedárnoslo dentro.

Así pues, para buscar momentos de alegría colectiva y participar en momentos de dolor colectivo, debemos ser valientes. Lo cual significa que tenemos que ser vulnerables. Entre los más de doscientos mil datos de toda mi investigación, no encuentro un solo ejemplo de valor que no requiriese vulnerabilidad. ¿Vosotros encontráis alguno en vuestra vida? ¿Se os ocurre un momento de valor que no implicara riesgo, incertidumbre y exposición emocional? Estoy segura de que la respuesta es no. Se lo he preguntado a muchas personas que así lo atestiguan, incluidos soldados de operaciones especiales. Sin vulnerabilidad no hay valor. Tenemos que participar y exponernos. Cuando empieza la canción y arranca el baile, como mínimo hemos de seguir el ritmo con el pie y tararear la música. Cuando ruedan las lágrimas y empiezan a relatarnos una dura historia, debemos estar ahí y mantenernos junto al dolor.

Y, por más que valoremos la idea de actuar por nuestra cuenta, por más que a veces nos reunamos por razones equivocadas, en el fondo de nuestros corazones queremos creer que, pese a nuestras diferencias y a la necesidad de aventurarnos en territorio salvaje, no siempre hemos de volver solos a casa.

Espalda fuerte. Piel blanda. Corazón indómito

Con excesiva frecuencia nuestra supuesta «fuerza» procede del miedo, no del amor; en vez de tener la espalda fuerte, muchos tenemos una piel blindada que encubre una columna frágil. O, dicho de otro modo: vamos por ahí erizados y a la defensiva, procurando ocultar nuestra falta de seguridad. Si reforzamos nuestra espalda, metafóricamente hablando, y desarrollamos una columna flexible pero robusta, entonces podemos arriesgarnos a tener una piel blanda y una actitud abierta... ¿Cómo podemos dar y recibir ayuda y mostrar una compasión de espalda fuerte y piel blanda, y avanzar más allá del miedo hasta alcanzar la genuina ternura? Yo creo que cuando podemos ser realmente transparentes: cuando vemos el mundo con claridad y permitimos que el mundo nos vea.[1]

ROSHI JOAN HALIFAX

La expresión «espalda fuerte, piel blanda» se la escuché por primera vez a Joan Halifax. Estábamos dando una conferencia juntas en el Omega Institute de Nueva York: uno de mis lugares favoritos. Reconozco que me sentía un poquito intimidada ante la perspectiva de conocerla. La doctora Halifax es profesora budista, sacerdote Zen, antropóloga, activista y autora de varios libros sobre Budismo Comprometido. Nos vimos por primera vez durante el ensayo técnico de la charla que íbamos a dar por la noche. Me pareció una mujer cercana y, sobre todo (es lo que más recuerdo), divertidísima.

Cuando ya nos íbamos, le dije:

—Estoy hecha polvo, pero supongo que ahora toca asistir a la recepción de bienvenida.

Ella me miró y respondió:

—Yo me voy a mi habitación a descansar antes de la charla. ¿Por qué no haces lo mismo?

Le dije que sonaba de maravilla, pero que me sabía mal negarme a asistir. Nunca olvidaré lo que me respondió.

—Esta noche espiraremos y enseñaremos. Ahora toca inspirar. Está la inspiración y la espiración; y es fácil creer que debemos espirar todo el tiempo, sin inspirar nunca. Pero la inspiración es absolutamente esencial si quieres seguir espirando.

Toma ya.

En su charla de aquella noche, expuso la idea budista de «espalda fuerte, piel blanda». Mientras revisaba la investigación para este libro, esa imagen me vino a la cabeza una y otra vez. Si vamos a convertir la verdadera pertenencia en una práctica diaria en nuestras vidas, debemos tener una espalda fuerte y una piel blanda. Cuando abandonemos la certidumbre y la seguridad de nuestros búnkeres ideológicos y nos aventuremos en territorio salvaje, nos harán falta tanto el valor como la vulnerabilidad.

La verdadera pertenencia, sin embargo, consiste en más que una espalda fuerte y una piel blanda. Una vez que hemos encontrado el valor para sostenernos solos, para decir lo que pensamos y hacer lo que consideramos correcto a pesar del temor y las críticas, quizá podamos abandonar el territorio salvaje, pero esa experiencia nos habrá marcado profundamente. Lo cual no significa que el territorio salvaje ya no ofrezca ninguna dificultad; significa que, una vez que nos hemos aventurado allí por nuestra propia cuenta, seremos dolorosamente conscientes de todos los pasos que demos a partir de entonces. Podemos pasarnos la vida entera traicionándonos a nosotros mismos y prefiriendo encajar antes que sostenernos solos. Pero, una vez que nos hemos defendido a nosotros mismos y luchado por nuestras ideas, el listón está más alto. Un corazón indómito se resiste a encajar y sufre si se traiciona a sí mismo.

Espalda fuerte

Todos nos pasaremos la vida reforzando constantemente nuestra espalda, ablandando nuestra piel y procurando escuchar los susurros de nuestro corazón indómito. Algunos, sin embargo, nos concentraremos en desarrollar una espalda fuerte. Si nuestra espalda constituye nuestro problema es porque solemos guiarnos por lo que piensa la gente. Querer hacerlo todo perfecto, complacer, demostrar y fingir son obstáculos para tener una espalda fuerte. Un modo de reforzar la musculatura de nuestra valentía es poner en práctica nuestros siete pilares. Ese trabajo consistiría en los puntos siguientes:

Límites. Aprender a establecer, mantener y respetar los límites. El reto consiste en renunciar a gustar a toda costa y en superar el temor de decepcionar a la gente.

Fiabilidad. Aprender a decir aquello en lo que creemos y a creer en lo que decimos. El reto consiste en no comprometernos a más de lo que podemos hacer y no prometer demasiado para complacer a los demás o probarnos a nosotros mismos.

Responsabilidad. Aprender a implicarse, a rendir cuentas, a asumir responsabilidades y a presentar disculpas sinceramente cuando nos equivocamos. El reto consiste en abandonar la culpa y en mantenernos alejados de la vergüenza.

Discreción. Aprender a guardar los secretos, a distinguir entre lo que podemos contar y lo que no. El reto consiste en dejar de recurrir al cotilleo, a la intimidad del enemigo común y a la sobreexposición en internet como medios para establecer conexión.

Integridad. Aprender a practicar nuestros valores incluso cuando resulta duro e incómodo. El reto, en esos momentos, consiste en anteponer el valor a la comodidad.

No juzgar. Aprender a dar y a recibir ayuda. El reto consiste en abandonar la imagen de «soluciona-problemas» como fuente de identidad y de autoestima.

Generosidad. Aprender a fijar límites que nos permitan ser generosos en nuestras suposiciones sobre los demás. El reto consiste en ser sincero y claro con los demás sobre lo que está bien y lo que no.

En su entrevista con Bill Moyers, la doctora Angelou dijo: «Yo pertenezco ante todo a mí misma. Estoy muy orgullosa de ello. Me preocupa sobre todo cómo miro a Maya. Me gusta mucho Maya».[2] Nuestro objetivo es llegar a un lugar en el que nos gustemos a nosotros mismos y nos preocupemos cuando nos juzguemos con excesiva dureza, o cuando permitamos que los demás nos silencien. El territorio salvaje exige este nivel de amor y respeto a uno mismo.

Un poderoso ejemplo de una espalda fuerte lo encontramos en mi amiga Jen Hatmaker.[3] Jen es escritora, pastora, filántropa y líder comunitaria. El año pasado la vi atravesar un territorio salvaje verdaderamente brutal con gracia, dolor y fuerza. Como conocida líder religiosa en una comunidad cristiana entre conservadora y moderada, Jen escribió abiertamente sobre su apoyo a los derechos LGBTQ y a la inclusión. Sufrió una reacción abiertamente hostil por parte de muchos miembros de su comunidad. Yo le pregunté cómo era para ella ese territorio salvaje. He aquí lo que escribió:

No voy a edulcorar la cuestión: estar al borde del precipicio de un territorio salvaje es escalofriante. Como el sentido de pertenencia es tan primario, tan necesario, la amenaza de perder a tu tribu o de quedarte sola resulta terrorífica, y a la mayoría de nosotros nos mantiene lejos de la intemperie durante toda la vida. La aprobación humana es uno de nuestros ídolos más preciados, y la ofrenda que debemos depositar ante sus pies insaciables es *no causar molestias ni incomodidad a los demás*. Estoy convencida de que la incomodidad es el gran factor disuasorio de nuestra generación. Preservar el *statu quo* frente a nuestras verdaderas convicciones es obviamente un lujo reservado a los privilegiados, porque los desvalidos, los descastados y los marginados no tienen más remedio que vivir diariamente a la intemperie. Pero preferir un puesto de avanzadilla a la seguridad de las puertas de la ciudad exige un auténtico acto de valor. Ese primer paso te deja sin aliento.

Alzar la voz contra las estructuras de poder que mantienen a unos dentro y a otros fuera tiene un coste, y la pérdida, para mí, se contabiliza casi siempre en *sentido de pertenencia*. En consecuencia, el territorio salvaje resulta extremadamente duro y solitario, lo cual constituye un elemento disuasorio muy potente. Pero he descubierto algo maravilloso; los pasos más solitarios son los que das entre los muros de la ciudad y el corazón del territorio salvaje, cuando aún tienes la seguridad en el retrovisor, cuando el nuevo territorio no está a la vista y el camino hacia lo desconocido parece desierto. Pero si das un paso tras otro, si sigues adelante el trecho suficiente y te adentras en ese territorio salvaje, te llevarás una sorpresa al ver la cantidad de gente que ya vive ahí fuera: prosperando, bailando, creando, celebrando, sintiendo una verdadera pertenencia. No es un territorio yermo. No es un territorio desprotegido. No está desprovisto de florecimiento humano. El territorio salvaje es donde han vivido todos los creadores y profetas, los rebeldes y los osados, y es un lugar asombrosamente vibrante. El trayecto resulta duro, pero la autenticidad que reina ahí fuera es vida.

Sospecho que el territorio salvaje es un hogar permanente para mí, lo cual resulta a la vez venturoso y arduo. Un amigo muy querido me mandó un mensaje durante esos difíciles primeros pasos a la intemperie, tras haber roto de modo irreversible las fronteras ideológicas combatiendo públicamente una endeble interpretación doctrinal. En Génesis, 32 hay una maravillosa y extraña historia en la que Jacob combate físicamente contra Dios durante toda la noche en un territorio literalmente salvaje. Al ver que Jacob no va a rendirse y que incluso le grita: «¡No te soltaré hasta que me bendigas!», Dios le toca la cadera y se la deja dislocada, un recordatorio permanente del combate de un hombre resuelto, tenaz y obstinado contra Dios; un gesto absurdo y osado, tan inaudito como impresionante. Mi amigo me escribió: «Eres como Jacob. Te has negado a soltar a Dios hasta que te bendiga en este lugar. Y Él te bendecirá. Encontrarás una tierra nueva. Pero siempre caminarás cojeando». Así que he escogido el territorio salvaje, porque es donde puedo decir la verdad, ejercer el liderazgo con el máximo coraje, y reunirme con los demás marginados; pero esta cojera me recordará el coste de mi elección, lo que he dejado detrás, esa parte que siempre resultará triste y un poco dolorosa. ¿Ha valido la pena? Indiscutiblemente. Y espero que la cojera haga ver a los demás habitantes del territorio salvaje que conozco el dolor y que no he llegado aquí ilesa. Como somos seres descastados, sospecho que no constituirá en absoluto un impedimento para participar en los bailes a la intemperie.

¿Un baile a la intemperie? Me apunto.

Piel blanda

El increíble relato de Jen sobre sus experiencias en territorio salvaje me dejó claras dos cosas:

1. debemos mantener la espalda fuerte; y no es un esfuerzo de un día; y
2. amigo, es difícil mantener la piel blanda cuando hay tanto dolor.

Igual que Jen, yo he expresado opiniones en mi comunidad por las que he sufrido algunas reacciones que me han dejado sin aliento. Desde «Mantén la boca cerrada» hasta violentas y gráficas amenazas contra mi familia. Mi reacción visceral es «Espalda fuerte, piel *acorazada*». Pero esa no es forma de vivir. La vulnerabilidad es la cuna del amor, la alegría, la confianza, la intimidad y el valor: de todo aquello que confiere sentido a nuestra vida. Una piel acorazada suena bien cuando nos sentimos doloridos, pero causa mucho más dolor al final. Si dejamos que la gente nos arrebate nuestra vulnerabilidad o nos contagie su odio, estamos poniendo nuestra vida en sus manos.

Muchos nos acorazamos desde niños para protegernos. Luego, al convertirnos en adultos, empezamos a darnos cuenta de que eso nos impide desarrollar nuestras capacidades y características propias. Así como podemos reforzar la musculatura de nuestra valentía y desarrollar una espalda fuerte cuestionando la necesidad de ser perfectos y de complacer a los demás a expensas de nuestra propia vida, también podemos ejercitar el músculo de la vulnerabilidad que nos permite ablandarnos y mantenernos abiertos, en vez de atacar y estar a la defensiva. Lo cual quiere decir habituarse a la vulnerabilidad. La mayor parte del tiempo abordamos la vida con una piel acorazada por dos razones: 1) Nos incomodan las emociones y equiparamos la vulnerabilidad a la debilidad, y/o 2) Nuestras experiencias traumáticas nos han enseñado que la vulnerabilidad es peligrosa. La violencia y la opresión han hecho que una piel demasiado blanda constituya un lastre para nosotros, y bastante nos cuesta hallar un lugar seguro física y emocionalmente como para arriesgarnos a ser vulnerables. La vulnerabilidad implica por definición incertidumbre, riesgo y exposición emocional; pero no equivale a debilidad. Al contrario, la vulnerabilidad es nuestra medida más precisa de la valentía. Cuando el obstáculo es nuestro concepto de vulnerabilidad, la cuestión es: *¿Estamos dispuestos a salir a la palestra y a dejarnos ver cuando no podemos controlar el desenlace?* Cuando el obstáculo está relacionado con la seguridad, la cuestión se convierte en: *¿Estamos dispuestos a crear espacios de valentía para dejarnos ver completamente?*

Tener una piel blanda no es ser débil; es ser valiente, es ser el territorio salvaje.

Corazón indómito

Me gustaría que existiera un saludo secreto del club de los corazones indómitos. Me encantan este tipo de cosas. Quiero que la recompensa por aventurarse en territorio salvaje sea una especie de ritual o símbolo, que diga: «Formo parte de este club de corazones indómitos. Sé lo que significa sostenerse solo y desafiar las críticas, el miedo y el dolor. Conozco la libertad de pertenecer a todas partes y a ninguna. La recompensa es enorme, pero, creedme, cuando Maya Angelou dijo que "el precio es elevado", no bromeaba. Yo he hecho esa expedición y tengo las cicatrices que lo demuestran».[4]

El territorio salvaje, sin embargo, no reparte carnets de socio. Un corazón indómito no es algo que resulte siempre visible; y, no obstante, es nuestro mayor bien espiritual. Recordad las palabras de Carl Jung sobre la paradoja: «La paradoja es uno de nuestros bienes espirituales más preciados... Solo la paradoja está cerca de abarcar toda la plenitud de la vida».[5] Aprender a gestionar la tensión inherente a las cuatro prácticas del sentido de pertenencia y a las muchas paradojas señaladas en este libro es vital para abordar nuestra actual crisis espiritual.

La marca distintiva de un corazón indómito es vivir la paradoja del amor en nuestra vida. Es la capacidad de ser duro y tierno, entusiasta y cohibido, osado y temeroso: todo en el mismo momento. Es mostrarnos con nuestra vulnerabilidad y nuestra valentía, fuertes y amables al mismo tiempo.

Un corazón indómito, además, es capaz de soportar la

tensión de mantenerse atento a los problemas del mundo, a la lucha por la justicia y la paz, y de cultivar al mismo tiempo momentos de alegría. Conozco a un montón de gente, yo incluida, que se siente culpable e incluso avergonzada por sus propios momentos de alegría. ¿Cómo puedo estar jugando en esta playa preciosa con mi familia mientras hay gente que no tiene hogar ni disfruta de ninguna seguridad? ¿Por qué me esfuerzo tanto en decorar las cupcakes del cumpleaños de mi hijo como si fueran pequeños Minions monísimos cuando hay tantos niños sirios muriéndose de hambre? ¿Qué importan estas estúpidas cupcakes? Importan, sí, porque la alegría importa.

Tanto si somos activistas a tiempo completo como voluntarios en la mezquita o en el comedor popular de nuestro barrio, la mayoría nos implicamos para conseguir que las necesidades básicas de la gente sean atendidas y que sus derechos civiles sean respetados. Pero también estamos trabajando para que todo el mundo pueda experimentar lo que da sentido a la vida: amor, pertenencia, alegría. Estas son necesidades esenciales, irreductibles para todos nosotros. Y no podemos dar a la gente lo que no tenemos. No podemos luchar por algo que no está en nuestros corazones.

Una vez más, la clave de la alegría es practicar la gratitud. He entrevistado a gente que ha sobrevivido a graves traumas que van desde la pérdida de un hijo a un genocidio. Lo que he escuchado una y otra vez a lo largo de quince años dedicados a recoger sus historias es: «Si estás agradecido por lo que tienes, entonces sé que comprendes la magnitud de lo que yo he perdido». También he aprendido que, cuanto más minimizamos nuestro propio dolor, o más lo catalogamos en comparación con lo que otros han sufrido, menos empáticos somos con todo el mundo. Y que cuando renunciamos a nuestra propia alegría para que los afligidos se sientan menos solos, o para sentirnos nosotros menos culpables o parecer más comprometidos, nos despojamos de lo necesario para sentirnos realmente vivos y llenos de determinación.

Y, en algunas ocasiones, cuando no somos capaces de reconocer el dolor de los demás y experimentar a la vez nuestra propia alegría, cerramos los ojos, nos aislamos, fingimos que no podemos hacer nada para mejorar las cosas y renunciamos a ayudar a los demás. Esa habilidad para desvincularse del sufrimiento y la injusticia, o para fingir que todo va bien, es el núcleo mismo del privilegio: «*Ahora prefiero no reconocer lo que sucede a mi alrededor porque resulta demasiado duro*». El objetivo es llegar a un punto donde podamos pensar: «*Soy consciente de lo que está sucediendo, del papel que yo juego y de lo que puedo hacer para mejorar las cosas... pero eso no significa que deba negar la alegría que hay en mi vida*».

Un corazón indómito está atento al dolor del mundo, pero no minimiza su propio dolor. Un corazón indómito puede palpitar de gratitud y entregarse a la pura alegría sin negar los problemas del mundo. Soportamos esa tensión con el espíritu del territorio salvaje. No siempre resulta fácil o cómodo —a veces nos cuesta resistir ese peso—, pero lo que lo hace posible es una piel blanda impregnada de amor y una espalda fuerte construida con valentía.

Si volvemos a repasar la definición del verdadero sentido de pertenencia, observamos que está construida sobre una base de tensiones y paradojas:

El verdadero sentido de pertenencia es la práctica espiritual que consiste en creer en ti mismo y en pertenecer a ti mismo tan profundamente que puedes compartir tu yo más auténtico con el mundo y descubrir lo que hay de sagrado tanto en formar parte de algo como en sostenerse solo en un territorio salvaje. La verdadera pertenencia no requiere que *cambies* lo que eres; requiere que *seas* lo que eres.

Y volvemos a sentir esa tensión en nuestra práctica:

La gente es difícil de odiar vista de cerca. Acércate. Responde con la verdad a las patrañas. Con urbanidad.
Cógete de las manos. Con desconocidos.
Espalda fuerte. Piel blanda. Corazón indómito.

La marca distintiva de un corazón indómito se obtiene en territorio salvaje, pero también hay una práctica diaria que resulta crucial en nuestra búsqueda del verdadero sentido de pertenencia. Esa práctica ha cambiado cómo me implico en mi propia vida, cómo ejerzo la paternidad y cómo actúo como líder:

Deja de andar por el mundo buscando la confirmación de que no encajas. Siempre la encontrarás, porque has convertido esa búsqueda en tu misión. Deja de escrutar el rostro de la gente para encontrar pruebas de que no estás a la altura. Siempre las encontrarás porque eso es lo que te has propuesto como objetivo. La verdadera pertenencia y la autoestima no son mercancías; no negociamos su valor con el mundo. La verdad sobre lo que somos reside en nuestro corazón. La valentía que reclamamos es para proteger nuestro corazón indómito de la evaluación constante, en especial de la nuestra. Nadie pertenece a este lugar más que tú.

No es fácil dejar de buscar confirmaciones de que no encajamos o no estamos a la altura. Se trata, cuando menos, de un hábito arraigado para muchos de nosotros; en el peor de los casos, confirmar nuestros defectos puede constituir una actividad a jornada completa. Cuando surgió este principio en la investigación, empecé a ponerlo en práctica. Me proponía dejar de buscar confirmaciones de que no era lo bastante brillante cuando entraba en una reunión, o de que no encajaba en una reunión de padres del colegio de mi hijo. Me asombró la efectividad de esta práctica. Mi hijo, Charlie, está en secundaria y mi hija, Ellen, está en su primer año de universidad. Tuvimos una larga charla sobre la validez de esta práctica, y ambos dijeron que habían notado inmediatamente una diferencia en su manera de presentarse ante sus amigos y de comportarse en su vida.

Dada mi historia personal y mi trabajo, siempre he ejercido la paternidad con la convicción de que el amor y el sentido de pertenencia constituyen la base de nuestro papel como padres comprometidos. Si ellos saben que son queridos y dignos de ser amados, si saben cómo amar y saben que, pase lo que pase, forman parte de nuestro hogar, todo lo demás funcionará. Sin embargo, cuando se han hecho mayores y los grupos de amigos se han vuelto más importantes, a mí me ha resultado más fácil de lo que suponía caer en la tentación de indicarles sutilmente cómo encajar o cómo encontrar a toda costa una pandilla. Mis temores establecían una reacción por defecto del tipo: «Bueno, ¿y qué ropa llevan los demás?», o «¿Por qué no te han invitado a la fiesta de pijamas?, ¿qué problema hay?». Tengo que mantenerme constantemente alerta para poner en práctica lo que creo como madre y para no permitir que el miedo tome las riendas cuando mis hijos lo están pasando mal.

La importancia de formar parte de un hogar volvió a estar muy presente para mí hace unos años, cuando estaba entrevistando a un grupo de alumnos de secundaria sobre las diferencias entre encajar y formar parte. Expuse estas observaciones en *El poder de ser vulnerable*, pero vale la pena exponerlas aquí de nuevo. Cuando pedí a un numeroso grupo de alumnos de octavo que se distribuyeran en pequeños equipos y comentaran las diferencias entre encajar y formar parte, sus respuestas me dejaron anonadada:

- Formar parte es estar en un lugar donde quieres estar, y donde quieren que estés. Encajar es estar en un sitio en el que quieres estar, pero en el que a la gente le tiene sin cuidado si estás o no estás.
- Formar parte es ser aceptado por ti mismo. Encajar es ser aceptado porque eres como todos los demás.
- Si puedo ser yo mismo, formo parte. Si tengo que ser como tú, encajo.[6]

Dieron en el clavo totalmente. No importa en qué parte del país o en qué tipo de escuela plantee la pregunta: los alumnos de primaria y secundaria entienden bien la diferencia. También hablan abiertamente de la angustia de no formar parte de su hogar. Esa primera vez que pedí a los alumnos de octavo que ofrecieran sus propias definiciones, uno de ellos escribió: «No formar parte en la escuela es muy duro. Pero eso no es nada comparado con la sensación de no formar parte en tu propio hogar». Cuando pregunté a los alumnos qué significaba esto exactamente, me dieron los siguientes ejemplos:

- No estar a la altura de las expectativas de tus padres.
- No ser tan guay o tan popular como tus padres quisieran.
- No ser bueno en las mismas cosas que tus padres.
- Que tus padres se sientan avergonzados porque no tienes suficientes amigos o no eres un atleta o una animadora.
- Que a tus padres no les guste cómo eres o lo que te gusta hacer.
- Que tus padres no presten atención a tu vida.

Ahora, con esta nueva investigación, sé que mi tarea es ayudar a mis hijos a creer en —y a pertenecer a— sí mismos. Por encima de todo lo demás. Sí, también está la tarea de ayudarles a manejar las situaciones con sus amigos, y desde luego encajar es un problema real para ellos, pero nuestra tarea más importante es proteger ese corazón tierno e indómito.

Debemos resistirnos a la tentación de seguirlos por territorio salvaje y de intentar que ese sea un lugar más seguro y civilizado. Deseamos con toda nuestra alma protegerlos del dolor que supone sostenerse solo. Pero cuando negamos a nuestros hijos la oportunidad de adquirir sabiduría directamente de la naturaleza y de bailar a la luz de la luna con otros rebeldes solitarios, con otros fugitivos renqueantes, lo hacemos guiados por nuestro temor y nuestra comodidad. Sus corazones necesitan descubrir el territorio salvaje por sí mismos.

Como líder, quiero fomentar una cultura de verdadera pertenencia. No quiero encajar, ni puedo permitírmelo. En mi entrevista con Pete Carroll, el entrenador de los Seattle Seahawks, me dejó pasmada la respuesta que me dio cuando le pregunté por el tiempo que había pasado en territorio salvaje. «Ah, sí. Conozco el lugar. Me han desterrado a territorio salvaje un par de veces. Soy consciente de lo que se espera en general de un entrenador de la NFL. Pero a veces tienes que ser osado y arriesgarte. Y hay un tipo especial de resiliencia que procede del profundo escrutinio de ti mismo que se produce en territorio salvaje. Esas experiencias me han proporcionado una fe más auténtica en mí mismo y una conciencia más aguda de cuándo no estoy siendo fiel a lo que creo correcto.»[7]

La resiliencia que procede del escrutinio de uno mismo en territorio salvaje y «esa conciencia más aguda de cuándo no estamos siendo fieles a lo que creemos correcto» es la marca distintiva de un corazón indómito. Imaginaos una organización en la que un grupo numeroso de personas dirigen e innovan con corazón indómito, en lugar de seguir la norma, de atrincherarse en búnkeres y mantenerse a salvo. Ahora más que nunca necesitamos una revolución de corazones indómitos.

Si queréis indagar más sobre cómo *Aventurarse en territorio salvaje* en vuestra casa o en vuestro trabajo, tenemos guías de lectura para padres y líderes en brenebrown.com. Según mi experiencia, nada cambia hasta que empezamos a poner en práctica este trabajo con nuestros familiares, amigos y colegas. Es entonces cuando el territorio salvaje se vuelve real.

Cada vez que escribo un libro, siento el reto de vivir de verdad el mensaje que estoy transmitiendo. Tuve que enfrentarme a mi propio perfeccionismo cuando escribí *Los dones de la imperfección*. Tuve que vérmelas con las críticas y encajarlas con valor cuando escribí *El poder de ser vulnerable*, y tuve que poner en cuestión todas las historias que me invento para protegerme a mí misma cuando escribí *Más fuerte que nunca*. Escribir este libro ha sido para mí como pasarme meses viviendo en territorio salvaje. No dejaba de decirle a mi editor, Ben, que deberíamos titularlo *Cómo perder amigos y cabrear a todo el mundo*. Si tenéis opiniones políticas firmes, algunas cosas seguramente os resultarán frustrantes. Soy consciente de que habrá mucho debate y desacuerdo. Así lo espero. Y también espero que nos tratemos con tanta pasión como cortesía.

Esto no es un llamamiento a dejar de luchar, de oponer resistencia y de defender nuestras ideas. Yo seguiré haciendo las tres cosas y espero que vosotros también. Nuestro mundo necesita que nos impliquemos y que nos alcemos en defensa de nuestras convicciones. Solo espero que lo hagamos con urbanidad y respeto. Cuando rebajamos y degradamos nuestro nivel de humanidad, aunque sea como reacción por haber sido rebajados y degradados, rompemos nuestro corazón indómito.

De todos los llamamientos a actuar con valor que he planteado a los lectores a lo largo de la última década, el de aventurarse en territorio salvaje es el más difícil. Es el que puede herir más. Pero, como nos recuerda la cita de Maya Angelou, es el único camino de liberación.

Solo eres libre cuando comprendes que no perteneces a ningún lugar: perteneces a todos y a ninguno. El precio es elevado. La recompensa, enorme.[8]

Os dejo con esta reflexión. En algunos momentos, sostenernos solos nos resultará demasiado duro, demasiado temible, y dudaremos de nuestra capacidad para avanzar a través de la incertidumbre. Alguien nos dirá: «No lo hagas. No tienes lo que hace falta para sobrevivir en territorio salvaje». Es entonces cuando uno debe recurrir a su corazón indómito y recordarse a sí mismo: «Yo *soy* el territorio salvaje».

Agradecimientos

El equipo BBEARG

Me siento profundamente agradecida a Suzanne Barrall, Cookie Boeker, Ronda Dearing, Olivia Durr, Lauren Emmerson, Barrett Guillen, Sarah Margaret Hamman, Jessica Kent, Charles Kiley, Hannah Kimbrough, Bryan Longoria, Murdoch Mackinnon, Susan Mann, Mashawn Nix, Julia Pollack, Tati Reznick, Deanne Rogers, Ashley Ruiz, Teresa Sample, Sarayu Sankar, Kathryn Schultz, Anne Stoeber, Genia Williams y Jessica Zuniga.

#bravertogether

El equipo Random House

Gracias de corazón a mi editor «high lonesome» Ben Greenberg (los tacos los pago yo).

Y al equipo de Random House formado por Gina Centrello, Andy Ward, Theresa Zoro, Maria Braeckel, Lucy Silag, Christine Mykityshyn, Leigh Marchant, Melissa Sanford, Sanyu Dillon, Jessica Bonet, Loren Noveck y Kelly Chian. Gracias por el magnífico trabajo y las múltiples turbulencias. Me encanta considerar a Random House como mi casa.

EL EQUIPO DE WILLIAM MORRIS

A mi agente, Jennifer Rudoph Walsh, y a todo el equipo de William Morris Endeavor, especialmente a Tracy Fisher y Eric Zohn, gracias por caminar a mi lado.

EL EQUIPO DESIGNHAUS

A Wendy Hauser, Mike Hauser, Jason Courtney, Daniel Stewart, Kristen Harrelson, Julie Severns, Kristin Enyart, Annica Anderson, Kyle Kennedy. Gracias por toda esa creatividad tan formidable.

LA GENTE DE NEWMAN AND NEWMAN

Gracias a Kelli Newman, Linda Tobar, Kurt Lang, Raul Casares, Boyderick Mays, Van Williams, Mitchell Earley, John Lance y Tom Francis.

THE HOME TEAM

Mi gratitud y mi amor a Deanne Rogers y David Robinson, Molly May y Chuck Brown, Jacobina Alley, Corky y Jack Crisci, Ashley y Amaya Ruiz; Barrett, Frankie y Gabi Guillen; Jason y Layla Brown, Jen, David, Larkin y Pierce Alley, Shif Berhanu, Negash Berhanu, Trey Bourne, Margarita Flores, Sarah Margaret Hamman, Polly Koch y Eleanor Galtney Sharpe.

AL LUGAR AL QUE REALMENTE PERTENECE MI INDÓMITO CORAZÓN

A Steve, Ellen y Charlie: vosotros sois mi hogar. *Junto con Daisy, Lucy y Sticky.*

Notas

Capítulo 1

1. Maya Angelou, *And Still I Rise: A Book of Poems*, Nueva York, Random House, 1978.

2. Bill Moyers, «A Conversation with Maya Angelou», en *Bill Moyers Journal*, original series, Public Broadcasting System, emitida por primera vez el 21 de noviembre de 1973.

3. Wikipedia, *English versions of the Nicene Creed*.

4. Anne Lamott, Facebook 7 de julio de 2015: «On July 7, 1986, 29 years ago, I woke up sick, shamed, hungower, and in deep animal confusion».
[Facebook.com/AnneLamott/posts/699854196810893?match =ZGV0ZXJpb3JhdGluZw%3D%3D]

5. Maya Angelou, «Our Grandmothers», en *I Shall Not Be Moved*, Nueva York, Random House, 1990.

6. *Uno de los nuestros*, dirigida por Martin Scorsese, Warner Bros., 1990.

7. Bill Moyers, «Conversation with Maya Angelou». La entrevista y la transcripción completa pueden encontrarse en: billmoyers.com/content/conversation-maya-angelou/.

Capítulo 2

1. Brené Brown, *The Gifts of Imperfection: Letting Go of Who We Think We Should Be and Embracing Who We Are*, Center City, Minnesota, Hazelden, 2010, p. 26. [*Los dones de la imperfección. Líbrate de quien crees que deberías ser y abraza a quien realmente eres*, Móstoles, Gaia Ediciones, 2016.]

2. Ibídem, p. 64.

3. Charles Feltman, *The Thin Book of Trust: An Essential Primer for Building Trust at Work*, Oregón, Thin Book Publishing, Bend, 2009, p. 7.

4. Brené Brown, *Rising Strong: The Reckoning. The Rumble. The Revolution*, Nueva York, Random House, 2015, pp. 199-200. [*Más fuerte que nunca*, Barcelona, Urano, 2016.]

5. La fuente original de esta cita es desconocida, pero suele atribuirse a Joseph Campbell.

6. Bill Moyers, «Conversation with Maya Angelou», *op. cit.*

Capítulo 3

1. John Hartford y la John Hartford Stringband, «The Cross-eyed Child», en el álbum *Good Old Boys*, Nashville, Rounder Records, 1999.

2. Roscoe Holcomb, «Man of Constant Sorrow», en el álbum *An Untamed Sense of Control*, Washington D.C., Smithsonian Folkways Recordings, 2003. Esta canción tradicional folk (de autor desconocido) fue publicada por primera vez como «The Farewell Song» en un cancionero de Dick Burnett en torno a 1913.

3. Hank Williams y William S. Monroe (1951), «I'm Blue, I'm Lonesome», grabada por Bill Monroe en el álbum *Bill Monroe: The Collection '36-'59*, Ideal Music Group, 2014.

4. Brené Brown, *Gifts of Imperfection, op. cit.*, p. 64.

5. Bill Bishop, *The Big Sort: Why the Clustering of Like-Minded America is Tearing Us Apart*, Nueva York, Houghton Mifflin, 2008, p. 14.

6. Ibídem, p. 39.

7. Joe Bageant, *Deer Hunting with Jesus: Dispatches from America's Class War*, Nueva York, Crown, 2007.

8. Veronica Roth, *Divergent*, libro 1 de la trilogía de la Divergent Series, Nueva York, Harper Collins, 2011. [*Divergente*, Barcelona, Molino, 2011.]

9. D. Khullar, «How Social Isolation Is Killing Us», *The New York Times*, 22 de diciembre de 2016, nytimes.com/2016/12/22/upshot/how-social-isolation-is-killing-us.html; C. M. Perissinotto, I. S. Cenzer y K. E. Covinsky, «Loneliness in Older Persons: A Predictor of Functional Decline and Death», en *Archives of Internal Medecine* 172, 14 (2012), pp. 1078-1083; doi:10.1001/archinternmed.2012.1993; American Association of Retired Persons, «Loneliness Among Older Adults: A National Survey of Adults 45+», septiembre de 2010, assets.aarp.org/rgcenter/general/loneliness_2010.pdf.

10. John T. Cacioppo y William Patrick, *Loneliness: Human Nature and the Need for Social Connection*, Nueva York, Norton, 2008.

11. John T. Cacioppo, «The Lethality of Loneliness (TEDxDesmoines transcript, 9 de septiembre de 2013), singjupost.com/john-cacioppo-on-the-lethality-of-loneliness-full-transcript/, 7 de marzo de 2016.

12. Cacioppo citado en K. Hafner, «Researchers Confront an Epidemic of Loneliness», en *The New York Times*, 5 de septiembre de 2016, nytimes.com /2016/09/06/health/loneliness-aging-health-effects.html.

13. R. S. Weiss, *Loneliness: The Experience of Emotional*

and Social Isolation, Cambridge, Massachusetts, MIT Press, 1973.

14. Brené Brown, *Rising Strong, op. cit.*, p. 124.

15. Susan Pinker, *The Village Effect: How Face-to-Face Contact Can Make Us Healthier and Happier*, Nueva York, Spiegel and Grau, 2014.

16. J. Holt-Lunstad, M. Baker, T. Harris, D. Stephenson y T.B. Smith, «Loneliness and Social Isolation as Risk Factors of Mortality: A Meta-Analytic Review», en *Perspectives on Psychological Science*, 10, 2 (2015), pp. 227-237, doi:10.1177/1745691614568352.

17. Townes Van Zandt, «If I Needed You», en el álbum *The Late Great Townes Van Zandt*, Nueva York, Tomato Records, 1972.

CAPÍTULO 4

1. James Baldwin, «Me and My House», en *Harper's Magazine*, noviembre de 1955, pp. 54-61.

2. Antoine Leiris, post de Facebook, 16 de noviembre de 2015 (traducido del francés). Facebook.com/antoine.leiris/posts/10154457849999947.

3. Kailash Satyarthi, conferencia TED, marzo de 2015. ted.com/talks/kailash_stayarthi_how_to_make_peace_get_angry?language=en

4. Bill Moyers, «A Conversation with Maya Angelou», *op. cit.*

5. David L. Smith, *Less than Human: Why We Demean, Enslave and Exterminate Others*, Nueva York, St. Martin's Press, 2012, p. 264.

6. Michelle Maiese, «Dehumanization», en *Beyond Intractability*, editado por Guy Burgess y Heidi Burgess, Conflict

Information Consortium, Boulder, University of Colorado, julio de 2003, beyondintractability.org/essay/dehumanization.

7. Ibídem.

8. G. Wojciechowski, «Paterno Empowered a Predator», en ESPN, 12 de julio de 2012, espn.com/college-football/story/_/id/8160430/college-football-joe-paterno-enabled-jerry-sandusky-lying-remaining-silent.

9. Mi entrevista con Michelle Buck se celebró el 20 de junio de 2017. Más información sobre la doctora Buck y su investigación en kellogg.northwestern.edu/faculty/directory/buck_michelle_l.aspx#biography.

10. Mi entrevista con Viola Davis se celebró el 21 de mayo de 2017.

11. *Criadas y señoras*, dirigida por Tate Taylor, DreamWorks Pictures, Reliance Entertainment, Participant Media, Image Nation, 1492 Pictures & Harbinger Pictures, 2011.

12. *Cómo defender a un asesino*, producida por Shonda Rhimes y otros, Los Ángeles, CA, Shonda Land, NoWalk Entertainment y ABC Studios, 2014-2017.

13. *Fences*, dirigida por Denzel Washignton, Bron Creative, Macro Media & Scott Rudin Productions, 2016.

14. N. Gibbs, «The 100 Most Influential People in the World», en *Time*, 20 de abril de 2017, time.com/4745798/time-100-2017-full-list/.

CAPÍTULO 5

1. Harry G. Frankfurt, *On Bullshit*, Princeton, New Jersey, Princeton University Press, 2005, p. 60. [*On Bullshit: Sobre la manipulación de la verdad*, Barcelona, Paidós, 2006.]

2. George W. Bush, «President Bush Addresses the Na-

tion», en *Washington Post*, 20 de septiembre de 2001, washing tonpost.com/wp-srv/nation/specials/attacked/transcripts/bus haddress_092001.html.

3. *Star Wars: La venganza de los Sith*, dirigida por George Lucas, Lucasfilm Ltd., 2005.

4. Eli Wiesel, discurso de aceptación del Premio Nobel, 10 de diciembre de 1986. nobelprize.org/nobel_prizes/peace/lau reates/1986/wiesel-acceptance_en.html.

5. Tuit de Alberto Brandolini, 10 de enero de 2013. Twitter. com/ziobrando/status/289635060758507521?lang=en.

6. Tomas Spath y Cassandra Dahnke, «What Is Civilty?» (sin fecha), instituteforcivility.org/who-we-are/what-is-civi lity/.

7. Mick Jagger y Keith Richards, *Some Girls*, grabado por The Rolling Stones, Londres, Rolling Stones Records, 1978.

8. Leo McGarry, *El ala oeste de la Casa Blanca*, producida por Aaron Sorkin y otros, John Wells Productions & Warner Bross, Burkbank CA. Emisión original 1999-2006.

9. *French Kiss*, dirigida por Lawrence Kasdan, 20th Century Fox, United States & United Kingdom, 1995.

10. C. Porath, «How Rudeness Stops People from Working Together», en *Harvard Business Review*, 20 de enero de 2017, hbr.org/2017/01/how-rudeness-stops-people-from-working-together.

11. Mi entrevista con Pete Carroll se celebró el 10 de mayo de 2017.

12. C. G. Jung, «Psychology and Alchemy» (1953), en H. Read, M. Fordham y G. Adler, eds., *C. G. Jung: The Collected Works*, 2.ª edición, vol. 4, Princeton, New Jersey, Princeton University Press, 1969, p. 19.

CAPÍTULO 6

1. gocomics.com/peanuts/1959/11/12/.

2. youtube.com /watch?v=buTrsK_ZkvA.

3. 24 de julio de 2013, twitter.com/TEDchris/status /360066 989420584960.

4. «95.000 Liverpool Fans», 24 de julio de 2013, en youtube. com/watch?v=F_PydJHicUk.

5. D. Linde, «Callin' Baton Rouge» (1978), grabada por Garth Brooks en el CD *In Pieces*, Hollywood, California, Libery Records, 1994.

6. *Harry Potter y el príncipe mestizo*, dirigida por David Yates, Heyday Films, United Kingdom & United States, 2009.

7. Joseph Cambpell y Bill Moyers, *The Power of Myth*, Nueva York, Anchor Books, 1991. [*El poder del mito*, Barcelona, Salamandra, 1991; Madrid, Capitan Swing, 2016.]

8. Émile Durkeim, *The Elementary Forms of the Religious Life* (1912), CreateSpace Independent Publishing Platform, 2016. [*Las formas elementales de la vida religiosa*, Madrid, Alianza Ed., 2014.]

9. S. Gabriel, J. Valenti, K. Naragon-Gainey y A. F. Young, «The Psychological Importance of Collective Assembly: Development and Validation of the Tendency for Effervescent Assembly Measure (TEAM)», en *Psychological Assessment*, 2017, doi: 10.1037/pas0000434.

10. Ibídem.

11. Ibídem.

12. John O'Donohue, «Before the Dawn I Begot You: Reflections on Priestley Identity», en *The Furrow*, 57:9 (2006), p. 471.

13. Carl Gustav Boberg, «How Great Thou Art», himno cristiano, 1885.

14. Oliver Sacks, *Musicophilia: Tales of Music and the Brain*, ed. revisada y ampliada, Nueva York, Random House, 2007, p. 329. [*Musicofilia: Relatos de la música y el cerebro*, Barcelona, Anagrama, 2009.]

15. Sheryl Sandberg y Adam Grant: *Option B: Facing Adversity, Building Resilience and Finding Joy*, Alfred A. Knopf, Nueva York, 2017, pp. 6, 12 y 13. [*Opción B: Afrontar la adversidad, desarrollar la resiliencia y alcanzar la felicidad*, Barcelona, Conecta, 2017.]

16. Esta cita, con diversas variantes, suele atribuirse a Alice Roosevelt Longworth; ver, por ejemplo, quote investigator. com/category/alice-roosevelt-longworth/.

17. Susan Pinker, *The Village Effect: How Face-to-Face Contact Can Make Us Healthier and Happier*, Nueva York, Spiegel and Grau, 2014, p. 180.

18. Pinker, citada en C. Itkowitz, «Prioritizing These Three Things Will Improve Your Life. And Maybe Even Save It», en *Washington Post*, 28 de abril de 2017, washingtonpost.com/news/ inspired-life/wp/2017/04/28/prioritizing-these-three-things-will-improve-your-life-and-maybe-even-save-it/?utm_term=. 07f8037a95da.

19. Susan Pinker, *op. cit.*, p. 6.

20. Paul McCartney y Linda McCartney, «Band on the Run», grabado por Paul McCartney y The Wings, en el álbum *Band on the Run*, Londres, Apple Records, 1974.

CAPÍTULO 7

1. Joan Halifax, *Being with Dying: Cultivating Compassion and Fearlessness in the Presence of Death*, Boston, Shambhala Publications, 2008, p. 17.

2. Bill Moyers, «A Conversation with Maya Angelou», *op. cit.*

3. Jen Hatmaker, «Hi, everyone. A couple of quick thougths on all these tender things», post de Facebook, 31 de octubre de 2016, facebook.com/jenhatmaker/posts/1083375421761452.

4. Bill Moyers, «A Conversation with Maya Angelou», *op. cit.*

5. C. G. Jung, *Psychology and Alchemy (Collected Works of C. G. Jung*, vol. 12*)*, 2.ª edición, Princeton, New Jersey, Princeton University Press, 1980, p. 15.

6. Brené Brown, *Daring Greatly: How the Courage to Be Vulnerable Transforms the Way We Live, Love, Parent and Lead*, Nueva York, Gotham Books, 2012. [*El poder de ser vulnerable. ¿Qué te atreverías a hacer si el miedo no te paralizara?*, Barcelona, Urano, 2014.]

7. La entrevista de la autora con Pete Carroll se celebró el 10 de mayo de 2017.

8. Bill Moyers, «A Conversation with Maya Angelou», *op. cit.*

Índice alfabético

Índice

Desafiando la tierra salvaje de Brené Brown
se terminó de imprimir en noviembre de 2019
en los talleres de
Impresora Tauro, S.A. de C.V.
Av. Año de Juárez 343, col. Granjas San Antonio,
Ciudad de México